以美育人

王营 著

北方联合出版传媒(集团)股份有限公司

万卷出版有限责任公司

图书在版编目（CIP）数据

以美育人 / 王营著 . -- 沈阳 : 万卷出版有限责任
公司 , 2024.1
ISBN 978-7-5470-6399-6

Ⅰ . ①以… Ⅱ . ①王… Ⅲ . ①美育－教学研究－小学
Ⅳ . ① G623.702

中国国家版本馆 CIP 数据核字 (2023) 第 220268 号

出 品 人：王维良
出版发行：北方联合出版传媒（集团）股份有限公司
　　　　　万卷出版有限责任公司
　　　　　（地址：沈阳市和平区十一纬路 29 号　邮编：110003）
印 刷 者：辽宁鼎籍数码科技有限公司
经 销 者：全国新华书店
幅面尺寸：128mm×185mm
字　　数：115 千字
印　　张：7.5
出版时间：2024 年 1 月第 1 版
印刷时间：2024 年 1 月第 1 次印刷
责任编辑：范　娇
封面设计：王　正
版式设计：杨　桃
责任校对：刘　洋
ISBN 978-7-5470-6399-6
定　　价：72.00 元

目录
contents

美育思考

美育实践

语文学科美育实践

综合学科美育实践

美育案例

美育

美育思考

MEI YU SI KAO

对学校美育实践的思考

1957年，吴忠市建立了一所叫作裕民小学的学校，这所学校一路成长，现在已经是吴忠市利通区的名牌小学了。近年来，学校按照"全面发展打基础、培养特色育人才"的思想进行指导办学，强调学生的全面发展，在校本课程开发重点中，美育赫然在目；基于加强学校德育工作的需要，把美育作为学校德育工作的新引擎，作为提升学生综合素质、促进学生全面发展的主阵地。

在教育教学活动中，学校坚持以美立德，培养学生优秀道德品质；以美益智，提升学生学习品质；以

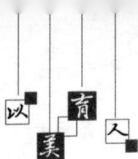

美健体，促进"健"与"美"的和谐统一；以美促劳，培养学生鉴赏美、创造美的能力。

为了使学校美育特色文化创建成为学校德育和素质教育的导航器，成为学校内涵发展、规范发展、和谐发展的新动力，学校领导讨论推出了"三层面一抓手""四结合四突破"等措施，使得学校的美育工作稳步推进，在学生中取得了较好的反响。下面是我对学校美育实践的一些思考体会。

一、注重顶层设计，"三层面一抓手"让美育文化创建有效推进

"三个层面"，即党建层面、德育层面和教学层面。党建层面强调组织功能党小组，创建领导班子、党员和教师队伍，由他们牵头组织少先队等进行美育主题活动。德育层面指在创建美育的过程中，同时注重培养学生学习习惯和生活礼仪。教学层面则强调美育不能轻浮，必须融入日常教学中，结合美育文化创建，构建高效课堂。"一个抓手"，即抓好课题研究。

重点围绕美育文化创建，抓好"小学美育文化实践研究"和"小学生命教育实践研究"等自治区、吴忠市、利通区等各级相关课题研究。通过课题研究为美育把脉、定位，从而引领师生在美育文化创建中"立美育人、奠基幸福人生"，实现"让教师享受教育的幸福，让学生享受幸福的教育"的办学目标。

在学校党组织积极谋划和全校教师的积极实践、共同努力下，学校形成了全面系统的美育文化创建方案和实施办法，成功提炼出了裕民小学"美育文化创建构架图"和"美育文化建设流程图"，同时在学校三年发展规划中明确、系统地融入美育文化；以美育特色学校创建的新要求全面修改了学校发展的指导思想、办学目标、策略及校训等制度文化；以美育文化创建主题成功创办了裕民小学校刊《春华秋实》；在学校课堂教学中发现美育因素、融入美育因素，编印《行为习惯美》《心理健康美》《家乡人文美》《传统文化美》等美育系列校本教材，打造育美课堂，全面夯实了学校美育文化创建基础。

2015年9月，国务院办公厅印发了《关于全面加强和改进学校美育工作的意见》（国办发〔2015〕71号），2016年《人民教育》第15期刊登了《改进学校美育》专集，就当代中国为什么强烈地需要"美"、"美育"的重要性，美育实施的关键问题及"美"应该如何行走于学校等话题，进行了广泛深入的探讨，文章观点与我校美育文化实践不谋而合，让人振奋，深受鼓舞。

中国教育报刊发的《美育，唤醒照亮人性之美》《坚持改进美育教学正确方向》以及专家教授主讲的《如何在各学科教学中融入美育因素》等美育专题讲座，让我们更加坚定了学校开展美育文化创建的信心、决心，更加坚信学校实施美育教育，开展美育文化创建，是教育改革发展的方向，是培养德、智、体、美、劳全面发展合格接班人的时代要求。

二、注重务实创新，"四结合四突破"让美育文化创建落地生根

为了推动学校美育创建工作不断取得新进展，实

现新突破，我校及时制定《学校美育教育实施方案》。在《吴忠市裕民小学三年发展规划》及年度、学期工作计划中，学校把美育教育和美育特色创建作为工作重点，与语文、数学等学科一同安排部署、一同督查指导、一同量化考核，"四结合四突破"的措施就此提出。

一是在校园积极开展美育文化创建活动，不仅在校园门口增立教育浮雕，还在教学楼的墙面上设立图标，上书"美"字或其他具有美感的图案。

积极改善学校教育教学硬件环境和办学条件；重视党建和思想政治工作，长期开展师德师风、传统文化、核心价值观、劳动纪律、党性修养等主题教育活动，开展我的中国梦、最美教师、文明教师、优秀党员等评选活动，全面提升师生美育素养。

二是建立健全学校美育评价制度和评价标准，从学生文明礼仪养成教育、课程美育资源开发、育美课堂评价标准、校园美育文化创建等多层面推动学校美育和美育文化创建工作在校园扎实有效开展，夯实学

校安全教育和美育文化创建基础；在校园内开展安全管理活动，组织对学生进行安全教育，设立安全教育日（周），并以安全为主题开展班会，形成良好的安全管理意识。设立班级图书角、校园红领巾开放图书角，培养学生读书兴趣，打造书香校园；积极开展家校合作，成立了学校家庭教育指导委员会和40个班级家委会，使家庭教育和学校教育优势互补、相互促进，有效弥补学校教育的不足，形成了教育合力。

三是与校本课程开发相结合，在学校美育特色传承上求突破。强化艺术教育学科建设，学校重视以丰富多彩的美育文化创建、文体艺术教育等活动陶冶学生的审美情感，培养学生的美育素养，积极践行社会主义核心价值观。在学校党组织引领下，学校德育、政教、教学按照"三层面一抓手""三融入""四突破""六途径"等美育创建措施，有效推进美育特色文化创建活动，通过音乐、美术、国学、育美课堂及书法、绘画、小制作、演讲、剪纸、泥塑、美诗文朗诵等社团活动及文化体育艺术节、国庆节、清明节、端午节等活动，激励情感，培养意志，锻炼体魄，不断培育、提升学生的美育素养，为学校创建美育特色学校打下坚实的现实基础。同时，学校组织开展各色校园文化活动，如展览、艺术节，在班级、学校操场展示学生自己创作的美术艺术作品，让学生在艺术创作和艺术欣赏的过程中，培育对艺术美的感知能力，提升学生的审美能力和美育素养，促进学校美育的健康发展。

四是与"特色团队"相结合，在创建美育载体上求突破。学校把美育有效融入课堂教育中，引导学生实现全面发展和个性成长，为培养人生趣味、审美境界和实现幸福人生的最终目标奠定坚实基础。在吴忠市利通区教育系统迎新春大型音乐舞蹈比赛中，学校的参赛舞蹈《展舞姿》《吉祥鸟》《破茧成蝶》等连续获得一等奖。

总之，学校美育文化创建，为学校发展带来了多方面的变化，收获颇多，影响深远。实践证明，通过美育特色学校创建，学校增强了发展的内驱力和凝聚力，提升了学校的特色文化品位。美育文化已经深深

植入师生心中，已经深刻地影响着师生的行为，校园环境产生了美育文化"处处有显现，处处能育人"的良好效果。可以预见，裕民小学全体师生必将在美育特色文化引领下，不断开拓进取、务实创新，裕民小学必将在美育文化润泽中变成学生乐学、教师敬业、家长放心、社会满意的一流特色品牌学校。

如何深化和拓展学校美育文化创建

新时代，新挑战，新机遇。吴忠市裕民小学美育特色文化创建作为学校党组织发挥文化引领作用，推动学校教育规范发展、和谐发展、内涵发展的重要抓手，需要在实践中不断深化和拓展，全面有效融入学校教育教学的方方面面，推动学校管理、发展及教育教学各项工作实现新拓展，取得新突破。

一、促进学校美育文化的有效融入

学校美育文化创建只有深深融入学校教育教学及各项教育管理中，才能让美育资源不断丰富，美育文

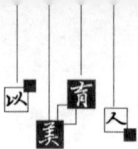

化育人功能不断凸显，最终让美育特色文化在提升师生美育素养中落地生根。

（一）美育文化要融入德育工作

抓好社会主义核心价值观主题教育，通过开展多种形式的主题教育、校本课程开发，促进社会主义核心价值观进校园、进课堂、进学生头脑。

抓好社会主义核心价值观主题实践和《中小学生守则》学习教育，重点抓宣传、抓落实，结合学校文明单位创建、美育文化创建及师生文明行为、文明礼仪养成教育，切实抓好落实。

抓好中华优秀传统文化及节日文化宣传教育，充分利用升旗活动、班队会活动及春节、元旦、中秋节等传统节日，开展丰富多彩的主题宣传活动，让节日文化成为学校塑造学生美好心灵、拓展美育文化创建的重要项目，常抓不懈。

（二）美育文化要融入课堂教学

把育美课堂文化创建作为学校美育文化的重要组

成部分，基于课堂，融于课堂，服务于教学，促进学生健康成长。

1. 构建和谐的课堂文化

和谐是美育的重要内容。在育美课堂构建中，学校要求全体教师努力挖掘学科美育资源，培养学生的审美情感，用优美的课堂语言，创设高雅的课堂文化，以教师的魅力，营造和谐的课堂教学氛围。

让和谐文化充盈于课堂的分分秒秒、班级的角角落落，滋养一颗颗年轻的心，使之愉悦、心动、奋发、进取，从而激发学生对学习的浓厚兴趣，并产生积极的教学行为，促进课堂教学优质高效。

2. 构建智慧灵动的课堂文化

智慧与灵动是育美课堂文化创建的方向。在育美课堂文化创建中，要注重培养学生的思维方式，体现"四会"标准，即会倾听、会表达、会合作、会质疑，以美启智，全面提升学生综合素养。

采用多样化教学手段进行教学，让学生充分体验

教学过程的创造和生成，促进学生知识与技能、情感与态度和价值观的整体发展。

要注重构建智慧课堂，确立学生的主体地位，促使学生积极主动地去学习，鼓励学生提出问题，尝试自主解决问题。同时还要有选择性地进行教学，选择不同的学习方式，使学生的学习变得丰富而有个性。

另外，创新和改革也是教师教学过程中需要注意的，只有不断地改进和精细化自己的教学措施，尝试各种不同的教学方法，并归纳教学对象的接受度，才能促进学生积极主动地学习，提高教学的质量和效率。

3. 构建民主课堂文化

在确认育美课堂文化创建要点时，针对学生的学习特点和教学目的，学校重点提出了"会倾听""会表达"的概念，要求课堂不仅起到知识传授的作用，更重要的是师生、生生在课堂上分享彼此的理解、思考、经验等，实现师生、生生间的情感、观念交流。

在育美课堂文化创建中，教师应当明白学生才是教学开展的主体，师与生的交流应当是平等的；生与生的关系必须是平等的，课堂上对话机会要平等共享，不管学生之间的自然禀赋有多大差异，他们都享有平等的对话权利和机会。

4. 构建课堂质疑文化

学校在育美课堂"四会"标准中明确了"学会质疑"的要点内容，要求课堂教学完成从记忆型向思维型转变，构建成熟、完整的"质疑文化"。

教师不仅要敢于接受学生提出的质疑，同时，教师还要引导鼓励学生向课本提出质疑，向科学提出质疑。

新课程在编写过程中十分重视贯穿科学精神这条主线，科学精神的核心是"求真和创新"，质疑文化是培养学生求真和创新等科学精神的宝贵文化营养。

二、促进学校美育文化创建务实创新

创新是发展的动力。学校美育文化创建要与时俱进，密切结合学校教育发展新任务、新挑战和新机遇，不断务实创新，不断丰富美育文化内涵，促进学校各项工作不断取得新突破。

（一）在生命教育上实现新突破

"生命教育"有助于学生认识自我、找到自我，协助学生发展潜能，实现自我；使学生主动关怀弱势群体，尊重生命的多样性及大自然的节奏与规律性，以宏观的视野去认识人类存在的意义，关心人类的危机。

美育文化创建应该关注生命教育，让美育扎根生命基础，教育引导学生从小关爱生命、尊重生命、敬畏生命，培养生命意识，让校园中的每一个生命更加灿烂、美丽。

（二）在小学生核心素养提升上实现新突破

进入新时代，促进学生德、智、体、美、劳全面发展是家长的新期盼，核心素养是学生适应社会发展的新目标。

当前，大家普遍关注学生"九大核心素养"的提升，主要是社会责任、国家认同、国际理解、人文底蕴、科学精神、审美情趣、学会学习、身心健康、实践创新。

学校美育文化创建，要与素质教育、核心素养等目标要求有机融合，让美育文化创建紧跟时代步伐，服务学生成长，接地气、促发展，成为学校教育的亮丽名片。

（三）在学校艺术教育上实现新突破

艺术教育是美育的基础和载体，培养学生的审美能力、审美情感，艺术教育是关键。

美育文化创建要积极融入学校艺术教育、指导艺术教育发展方向，以美育促进学生音乐、体育、艺术教育不断发展、创新，推动艺术类课程文化建设不断丰富，推动学校艺术教育在提高学生艺术基础、艺术素养、艺术创新基础上，不断提升学生美育素养，不断促进学生全面发展、健康快乐成长，积极服务于学生的社会主义核心价值观教育方向。

（四）在学校社团活动开展上实现新突破

学校丰富多彩的社团，是学生美育实践和锻炼的阵地。以美育文化促进学校艺术类（含音体美社团）、科技类、教育类、社会实践类社团健康发展，是我校

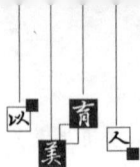

美育特色文化创建的主要目标，尤其是在审美情感的培养上，各类社团活动具有不可替代的特殊作用。

三、明确学校美育文化创建的有效途径

学校美育文化创建，主要通过以下"六个途径"，务实推进。

（一）教育理念蕴含美育文化

在学校办学理念、校训、校徽等文化建设中，要融入美育、蕴含美育文化。例如，我校校训：求真、向善、育美、立德，具体反映了美育的真、善、美基础。同样，在办学理念、校徽设计中均蕴含美育文化内容。这样对美育文化内化于心、外化于行，会起到积极的引领指导作用。

（二）课堂教学传播美育文化

学校要求各学科教师深挖学科美育资源，在课堂教学中积极打造育美课堂，融入美育因素，引导学生发现美、欣赏美、鉴赏美、创造美，不断提升学生美

育素养，符合党的十九大"实现公平而有质量的教育"
新要求，符合促进学生全面健康快乐成长的时代教育
需求。

（三）主题活动渗透美育文化

文化重在宣传，重在融入和引导。在社会主义核
心价值观主题教育、中华民族优秀传统文化教育、感
恩教育、爱国爱家爱校教育及传统节日文化教育中，
蕴含丰厚的美育资源，在主题活动中渗透美育，会让
美育文化无处不在，让美育在"润物细无声"中发挥
潜移默化的教育效果。

（四）校园环境承载美育文化

学校两个校区的主题文化宣传图标、主题标语、
楼宇文化、师德师风、校风校纪、清风校园主题文化等，
要从多层面、多主题体现美育文化，让美育文化在党建、
德育政教及教育教学工作中有机融合，在校园环境建
设、班级文化创建、绿色生态校园创建及校园净化、
美化等工作中有效承载，接地气。

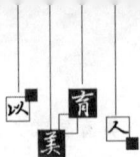

（五）榜样力量推广美育文化

榜样的力量是无限的。要积极选树美德少年、最美教师、最美家庭及各类师德标兵、优秀党员、名师骨干，从思想道德、精神文化、教育教学多层面选树典型，引领美育发展方向。

（六）师生生活弘扬美育文化

文化的作用在潜移默化，美育文化创建成果重在内化于行，让师生从思想到言行，从校内到校外，从家庭到社会，从工作学习到生活实践，处处弘扬美育文化，处处体现美育素养，让我校美育特色文化全方位服务学校师生成长，成为推动学校内涵发展、规范发展、科学发展、和谐发展的内生动力。

德育管理中如何渗透美育

"爱美之心，人皆有之"，对美的追求是人类永恒的主题。车尔尼雪夫斯基说："美的事物在心中所唤起的那种感觉，是类似我们当着亲爱的人的面时洋溢于我们心中的喜悦。"

在教学中也应当如此。学校在制定德育管理目标和要点时，可以结合运用美育的趣味性、情感性、形象性等特点，将美好的情感、品行、语言等当作一种净化学生心灵、陶冶学生情操的高效工具，这样才能培养学生形成健康的审美，促进学生幸福成长。

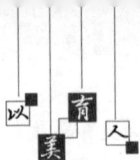

一、以美的品行感染人

夸美纽斯说："教师的职务是用自己的榜样教育学生。"因此，在班级管理中，班主任的榜样是十分重要的。曾耳闻目睹过这样的事例：班主任酷爱运动，班里各项体育活动成绩就会遥遥领先；班主任做事谨慎细心，班干部做起事来也是有条不紊；班主任热情好客，同学个个助人为乐；班主任对学生一视同仁，以法治班，班级秩序井然，充满正气……

这些事例能在一定程度上说明班主任能通过言传身教，在教学行为中不知不觉地完成对学生的影响。也就是说，其自身的道德、学识等素养能潜移默化地影响和支配学生。

因此，作为班主任，心中应始终装着学生，在任何情况下，都是朝气蓬勃，对学生才有感召力、辐射力；班主任要以友善的态度尊重每一个学生，尤其是对待后进生，要坚持正面教育的原则，处处以身作则，切不可讽刺挖苦；班主任要以慈母般的爱，使教育产生一种最质朴的动情效应，要关心、理解、支持学生。

这样，就会给学生营造愉悦的心理状态，达到师生间的双向交流，为教育教学的成功打下坚实的基础。

二、以美的环境管理人

学校非常注重美育文化氛围营造，在校园大门口两侧增设了"立德树人""自然之声"大型德育浮雕，在新教学楼西侧墙面镶嵌大型"美"字图标，唱响"以美立德、以美益智、以美健体、以美促劳"美育文化创建主旋律。

我校有健全的教育阵地，如宣传栏、黑板报、广播站、阅览室等，有统一制作的校风、教风、学风以及《小学生日常行为规范》《班级安全管理制度》等宣传板，橱窗里实时更新活动新闻、图片以及光荣学生和教师风采，楼道里有孩子们创作的美术作品，台阶上有温馨提示语，班级里有各年级的特色美术作品展示，瓷砖上是各种安全疏散标识，每一个角落里摆放着各种流动图书，每一棵树上悬挂着相关的生物常识、古诗词句，实现了"处处皆文化，处处能育人"的良好效果。

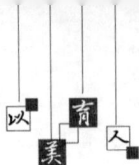

"感人心者，莫先乎情"，当班主任把自己的热情和对学生的无私的爱融入教书育人的过程中，以美的语言进行情感交流时，就会引起学生情感上的共鸣，激励学生不断进步。

三、以美的书籍熏陶人

红领巾图书角是一个面向全体师生开放的室外图书室，也是检验学生良好行为习惯的试金石。它的设立方便师生的借阅，提高图书利用率。学校鼓励师生利用课余时间沉浸在书的海洋里，尽情地在字里行间体会文字带来的快乐，也发挥了书籍的最大价值。这一举措既解决了学校校舍紧张，班级借阅图书困难的问题，又美化了环境，节省了空间。

设立图书角后，政教处从四、五、六年级选拔了一批责任心强，勤奋好学的学生担任图书管理员，班主任在班级里推选6名学生参加严格的岗前培训，通过政教处的考核后各班的管理员才能轮流上岗执勤。

学校有效利用教学楼道的空间共摆放书架15个，

遍及了学生活动的每个角落。每栋教学楼摆放6个书柜，分别由少先大队牵头组织学生干部监督，各班轮流参与图书管理，每周三和周五是学生归还图书时间，值周图书管理员会根据登记寻找书籍，图书的借阅登记都是值周班级图书管理员负责，每2名学生管理1个书架，每个书架都有编号，学校图书室按照年级的不同以及学生的兴趣爱好统一调控摆放图书的种类。

每个月书架的书籍都会更换一次。政教处和少先大队每周五对图书管理情况、学生值周情况、图书的数量逐一进行总结、评比，每学期总结表彰优秀图书管理员和优秀班级。通过评比、监督等方法，学生养成了良好的借阅习惯，不论何时何地都可以徜徉在自由的知识海洋里。

优美的环境，人文的管理，净化了学生的心灵；知识的熏陶，氛围的营造，养成了儒雅的行为。学生静心潜读的热情越来越高。现在的校园到处可以看到师生的读书情景，浓浓的书香氛围，是师生对校训"求和、向善、育美、立德"的内在体现和追求。

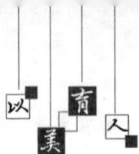

美育文化创建框架图

以美立德	………	培养优秀道德品质
以美益智	………	提升学生核心素养
以美健体	………	促进"健"与"美"的和谐统一
以美促劳	………	做中学学中做 鉴赏美 创造美

校训：求真 向善 育美 立德

"三层面"

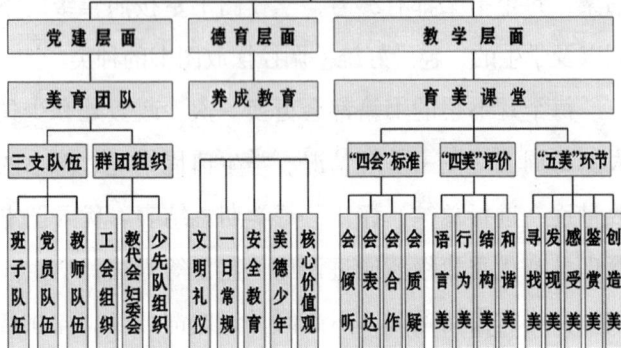

| 党建层面 | 德育层面 | 教学层面 |

| 美育团队 | 养成教育 | 育美课堂 |

| 三支队伍 | 群团组织 | | "四会"标准 | "四美"评价 | "五美"环节 |

班子队伍　党员队伍　教师队伍　工会组织　教代会妇委会　少先队组织　文明礼仪　一日常规　安全教育　美德少年　核心价值观　会倾听　会表达　会合作　会质疑　语言美　行为美　结构美　和谐美　寻找美　发现美　感受美　鉴赏美　创造美

以美的环境熏陶人　以美的规范引导人

"一抓手"

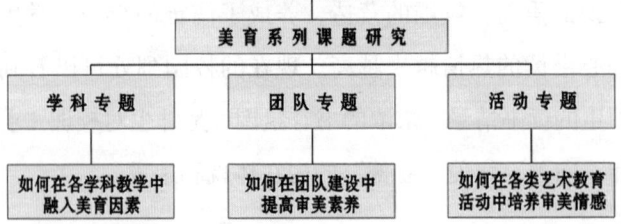

美育系列课题研究

| 学科专题 | 团队专题 | 活动专题 |

| 如何在各学科教学中融入美育因素 | 如何在团队建设中提高审美素养 | 如何在各类艺术教育活动中培养审美情感 |

礼仪教育夯实小学生美育基础

礼仪是文明行为的道德规范与标准，是构成社会主义精神文明的基本要素，也是一个国家文化与传统的象征。学校开展礼仪教育，可以促进小学生智力、能力和身心全面发展，提高学生自身修养、塑造健康人格，夯实学校美育基础。

一、以活动为载体，让学生在体验中促进礼仪习惯的养成

（一）从"小、实"着手，加强常规管理，养成文明礼仪习惯

1. 重视"规范"，强化行为常规训练

以《小学生日常行为规范》、《小学生守则》和《学

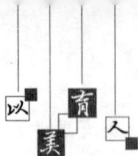

校养成教育细则》为标准，把学生的常规教育、养成教育作为常抓不懈的一项重要工作。由少先大队部组织大队干部值周，持之以恒，对学生进行及时的提醒、监督，使全校学生形成自觉性良好的行为礼仪规范。

2. 狠抓常规训练，使文明具体化

引导学生学"规范"，用"规范"。对学生的行为进行严格训练，开展队礼、队歌、国歌、升旗仪式规范性的训练，开展检查评比，建立督导、检查、评比制度，使礼仪训练规范化、制度化、常态化。

3. 重视"升旗仪式"，落实礼仪常规教育

在队干部培训会上强化升旗制度，选拔几名品学兼优的学生为升旗手，对学生进行严格的升降旗训练，要求动作准确到位，懂得升旗的意义。充分利用"国旗下讲话"对学生进行爱国主义等教育，让学校的升国旗仪式成为一道亮丽的德育风景线。

4. 重视各学科课堂教学，渗透文明礼仪教育

在课堂教学中渗透文明礼仪教育，在每学科教学

中经常性地开展不同的活动，以课堂教学为主渠道，以活动为载体，促进学生的文明礼仪教育等。

5. 重视文明礼仪教育与美育的有机融合

根据小学生特点，把美育与小学生文明礼仪养成教育有机结合，深度融合，突出小、实、趣的原则，教育活动及内容做到由浅到深，由低到高，由近及远，由具体到抽象，由感性到理性，螺旋式上升，从而提升学生美育素养，促进学生身心健康快乐地成长。

（二）从"新、实"着手，丰富活动内容，促进礼仪习惯养成

1. 在活动中注重求"新"，促进礼仪习惯养成

通过丰富多彩的活动，使学生能亲身经历、得到亲身感受，从而受到深刻的教育，提高学生综合能力。

"学雷锋，树新风"主题班会，学生通过读雷锋的故事，查找有关雷锋的资料，学雷锋，做一名雷锋式的好少年；清明节开展主题中队会，让学生了解百年中华民族的深重灾难，树立祖国利益高于一切的思

想观念。

庆祝五一国际劳动节，以深化革命传统、革命理想教育为动力，以劳动实践为主线，深化劳动光荣的意识，培养学生的创新精神和实践能力。

开展主题中队会、班队会，结合师生身边的人和事，以小品、三句半、快板、相声、现场采访、讨论、儿歌等形式，展示同学们自觉学礼仪、知礼仪、讲礼仪、用礼仪的能力，使学生真正受到生动活泼的文明礼仪知识教育。

利用"红领巾广播站"等途径对学生进行潜移默化的文明礼仪教育，起到"随风潜入夜，润物细无声"的以人格塑造人格的教育效果。

2. 在活动中注重求"实"，促进礼仪习惯养成

结合文明礼仪教育的实际，针对特殊的节日开展规律性的丰富多彩的礼仪活动。

坚持与读书相结合，开展"践行社会主义核心价值观"和"弘扬革命传统教育"的读书活动，举行讲故事比赛、演讲比赛等。

坚持与强化常规训练相结合，开展"文明礼仪之星"评比活动，每周评出"流动红旗"班，集会表扬并颁发奖状，以此鼓励班级及学生参与竞争，培养集体荣誉感和竞争意识，使全体学生真正认识礼仪、了解礼仪、学会礼仪、实践礼仪，从而养成良好的文明礼仪行为习惯。

二、创造育人环境，使学生在情境中践行礼仪的习惯

（一）抓好师德师风建设，树立榜样

1. 教师示范引领

开展师德师风学习活动，全体教师团结一致，出色地完成学校各项工作。班级工作、教师值日工作、教师教学常规工作等均开展得有声有色，这正是良好的师德师风产生的教育效力。

2. 学生礼仪养成

学生文明礼仪的养成，是一项细致入微，长期而艰巨的工作，是美育中的重点。教育者喊破嗓子，不

如做出样子。学生良好的文明礼仪习惯，需要教师着意培养，言传身教，以身作则。

3. 师生榜样带动

榜样的力量是无穷的。教师的自我礼仪、着装、仪表、举止、谈吐等，往往会对学生产生潜移默化的影响，成为学生的榜样。教育学生见到老师或客人行礼，教师自己也要做到，给学生起到示范作用。

比如：平时，学生向老师问好，老师都会点头或招手并向学生问好。在路上，见到学生，老师主动和他们打招呼。每天放学送孩子到校门口，看到家长，老师都会热情地说："您好！"或微笑着点头致意。

对于学生，老师也会用"请""你好""谢谢""对不起"这些字眼。每次大扫除后，看着干干净净的教室，老师会对同学们说："你们辛苦了！"这种教育的效果胜过千言万语。

在教育教学中，教师注意仪表端庄，以身示范，使学生在师生交往中受到潜移默化的影响，逐步形成健康人格，提升美育素养。

（二）抓好校园文化建设，巩固行为

1. 文化熏陶

校园文化风貌是校风的外部表现，是学校文明程度的标志。加强校园文化建设，才能美化、净化育人环境，营造良好的育人氛围，给学生以文明礼仪的熏陶，真正落实环境育人。

2. 文化引领

加强教室文化、走廊文化建设，开展教室布置评比，走廊贴名人画。加大文明礼仪教育阵地的建设力度，办好专栏——校园之窗，红领巾广播站，创建校园微信公众平台，为全校学生树形象、立榜样。

3. 环境激励

校园环境的改善，培养了学生良好的学习心理。优美的校园环境对学生发挥着潜移默化的教育功能，无声地教育学生爱学习，守纪律，爱清洁，讲卫生，

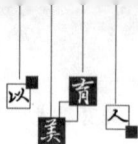

爱护环境，爱护学校，争做文明学生，塑造健康人格。

4. 礼仪养成

文明礼仪教育，是一种养成教育。对学生进行礼仪行为教育训练，若出现反复，是一种正常的现象，应对学生充满信心，抓反复、反复抓、扎扎实实，坚持不懈，不断提高讲文明、懂礼貌的自觉性，使学生逐步形成文明礼仪的好习惯。

良好礼仪习惯的养成教育是一项长期而复杂的教育活动，需要教育工作者持之以恒，开拓创新，不断探究，投入满腔的工作热情和广博的爱心，不断探索培养学生良好礼仪习惯的科学、规范的好方法。我们坚信，在全校师生的共同努力下，文明之风必将吹遍校园，礼仪之花必将夯实学校美育根基。

谈绿色生态校园的美育价值

春，播洒绿色才有希望；

夏，滋润绿色才有清凉；

秋，呵护绿色才有收获；

冬，守候绿色才有新生。

绿，乃生命之色。它是奉献的化身，大地因此欣欣向荣；它是生命的象征，万物因此生生不息。

无论我们身在何处，总会有绿色相伴，只是在浮躁的世界里，我们很少驻足留意，去触摸这最真实的生命。

绿色生态校园，已不是新鲜话题，但能将这一

教育理念落到实处者，却为数不多。吴忠市裕民小学自建校以来秉持美育特色文化：即以美立德——培养优秀道德品质；以美益智——提升学习品质；以美健体——促进"健"与"美"的和谐统一；以美促劳——做中学，学中做，鉴赏美，创造美。

美，能将世间最好的精神品质融于一身，使人心神向往和追寻。学校正是基于这种美育文化精神继往开来，充分利用学校"桃李园"内宝贵的土壤资源和丰富的植物，打造出"绿色生态教育基地"和"科学种植实验基地"。

让学生在绿色生态园进行种植体验、绿色生态体验、劳动实践体验和生命教育体验，把绿色教育、生命教育、审美情感培养及绿色生态意识有机融入学校美育文化创建之中，培育了学生的绿色生态意识、珍爱生命意识、热爱劳动意识和创造美好生活意识，提升了师生美育素养和生命质量。

每一年，承担生态园植绿、种绿的各中队少先队员，他们不负众望，在学校党组织和少先大队的有效组织和引领下，按照基地创建要求，对生态园展开了一系列具有创意性的建设。

每个班的"自留地"都各有特色，连花园名称都很有个性。比如：悠然东篱、春华秋实、青青苗圃、绿丰花园、阳光花蕾、草木青青、芦叶田田，无不散发着浓郁的绿色气息。

不同的园子里有着不同的植物，奇花异草，瓜果蔬菜，种类繁多。当你置身其中，宛如沉浸在陶潜笔下的世外桃源一般。对久居于闹市的我们来说，怎一个"美"字了得！

一载流光转眼即逝，师生们付出了不少，但收获更多。春天，在料峭寒风中，他们清理杂草、松土、育肥、播种；夏天，在葱郁繁花间，他们拍照纳凉，摘果欢唱；秋天，在金黄的枝头上，他们品味金风玉露，寻找大地的精灵；冬天，在雪花纷飞中，他们静听生命孕育的旋律。

建设绿色生态校园是美育校园、文明校园创建的重要组成部分。绿色生态教育更是裕民小学美育文化

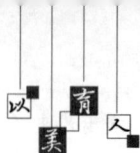

的重要组成部分，它是美的补充，是环保理念的践行，是科学实验的乐土，也是对人与自然和谐共生最深刻的诠释。

学校通过这种躬亲力行的绿色教育方式，让每一名小学生在实践中触摸到植物最真切的质感，感受到绿色植物的生命和美丽，从而培养小学生从小亲近植物、亲近自然，热爱大自然，珍爱万物，珍爱生命，提升美育素养，筑牢生命意识。

以美育人为学生幸福人生奠基

近几年，在学校美育特色创建中，学校坚持"以美立德、以美益智、以美健体、以美促劳"的办学理念，从美育文化创建的高度，抓德育常规管理，抓和谐高效课堂，抓学校特色文化创建，使师生的综合素质得到提高，学校进入了健康、可持续发展的良性循环轨道。下面谈谈我在美育文化实践中的一些思考。

一、美育文化创建，有利于促进学生全面发展

以"培养和提高学生感受美、鉴赏美、表现美、创造美的能力"为核心，以"立美育人，让教师享受

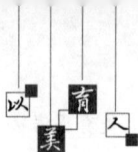

教育的幸福，让学生享受幸福的教育"为办学目标，以"以美立德——培养优秀的道德品质；以美益智——提升学生的学习品质；以美健体——促进'健'与'美'的和谐统一；以美促劳——做中学，学中做，鉴赏美，创造美"为办学策略。

以美育特色为统领。学校采取"请进来、走出去"的办法。

请进来——聘请了上海师范大学的专家胡知凡和夏志芳教授，通过听课会诊、共同探究的方式，全面贯彻教育方针，巩固优势，深化特色，从高起点规划，精细化管理，培养高素质师资，实现高质量办学，使教师职业素养得到明显改善。

走出去——学校组织外派骨干教师到上海的浦东香山小学学习他们的先进的教学理念、美的育人环境，整合优秀的教育教学资源，力求使我校学生综合素质得到提升，学校的办学声誉得到提高。

二、学校创建美育文化面临的挑战及发展优势

在学校美育文化创建中，我深切感受到我校在美育特色文化创建中面临不少困难和挑战。比如：如何将美育特色与学校的管理、教师发展、教学研究等教育教学工作紧密结合，促进各项工作均衡发展；如何围绕学校美育特色，从环境建设、教师队伍、课程开发、教学研究、德育活动等方面，制定分步推进措施，从学校教育教学工作的各个层面凸显美育特色，从显性到隐性，使学校特色成为学校文化的核心；如何尽快提高教师发现实际教学中的美育因素的能力，使其具备提炼美育理论的水平，用理论引领美育在实际活动中的操作等。

正是有了美育特色学校创建的思考和规划，学校工作有了抓手，发展有了方向，从而形成了教育合力，形成了学校发展的独特优势——美育特色。

经过多年的探索，我校把艺术教育作为美育特色的基础，学校艺术教育成果丰硕，学校多年来连续在吴

忠市区中小学文艺会演中获得一等奖，学校舞蹈《捉蚂蚱》获得自治区教育系统第五届艺术展演比赛一等奖。

同时，学校在美育文化创建中已初步形成了以"培养和提高学生感受美、鉴赏美、表现美、创造美的能力"为核心理念的美育文化理念，真正实现了管理的高境界——文化管理。

三、对学校美育文化创建的思考

（一）注重育美教师队伍建设

建设一支懂得美、传递美的教师队伍，通过树师德、强师能，提升全体教师美育水平。

1.通过培训、学习、讨论，强化教师的美育意识，能够落实学校对美育教育的定位、安排和实际措施。

2.在教师中强化师德教育，通过学习、演讲、论坛交流、推选典型等方式，提高教师师德素养，在学校特色建设过程中，建立起一支师德高尚的教师队伍。

3.对学校艺术教育师资开展培训，提高他们的艺术修养和艺术教育水平，使学校的艺术在美育特色建设中起到积极作用。

（二）积极开发美育特色校本课程

在开发学校美育课程时,强调新课标的"以人为本"原则,落实素质教育,明确学校个性化特点,有针对性地下发课程开发任务。在课程实施的过程中,对课程目标、学段目标、教学内容、教学建议及教学形式等,不断进行修订,挖掘教材中的美育文化,使之更加符合学校美育特色建设的要求。

（三）积极构建育美课堂

充分挖掘美育资源,在教学中渗透美育思想,将学校各种教育资源中的美的因素与德育活动有机融合。

1.通过审美体验,寓教于美,寓教于乐,达到"以美立德、以美益智、以美健体、以美促劳"的目的。彰显特色,塑造裕民小学美育少年。在以传统美德教育为主要内容的"主题教育"活动中,将"校园美德少年"作为衡量、评价学生在活动中获得成绩的标准,

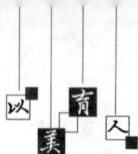

根据不同年龄段学生的特点和实际需要，发挥其对传统美德教育活动的激励作用，并在不同的活动环节设置相应值周文明岗，不断巩固美育成果。引导学生与美同行，争当校园的美德少年。

2. 特色班级，促进学生主动发展。开展美育班级创建活动，进一步优化育人环境。以创建美育班级为引领，逐步提高班级管理的文化品位。使学生在班级特色文化建设活动中得到哲理的启迪、榜样的激励，以及自主管理能力的提升。落实"以美促养成，以美树榜样，以美求创新，以美带实践"的目标。

总之，让学校成为充满美育特色的学校。学校就应该是书香校园，让每一面墙壁都在说话，每一处空间都在育人，每一个角落都是文化的解读和展现，每一位老师、每一名孩子，都是美的缔造者、传承人，让美育无处不在，方方面面体现美，让美从里到外，从点滴中体现。从而使学生从各种艺术美、科学美、自然美、社会美中受到极大的感染和陶冶，在德、智、体、美、劳各方面得到和谐发展。

对学校构建育美课堂实践的思考

美能激智，美能冶情，美能育德。美有助于人格的和谐发展、精神世界的丰富，这正是活力课堂的精髓所在。素质教育倡导通过灵活化的开放课堂，唤醒儿童天性，注重儿童的心灵开放，将学习知识与培养人格融为一体，使儿童自主积极地学习，在学习中感悟美的真谛，感受美的内涵，受到美的熏陶，引导儿童树立正确的人生观、价值观，具有美好个性和人性。

基于这样的认识，当前学校倡导"全面发展打基础，培养特色育人才"，提出"以美立德——培养优秀道德品质；以美益智——提升学生学习品质；以美

健体——促进'健'与'美'的和谐统一；以美促劳——做中学，学中做，鉴赏美，创造美"的办学理念，意在将美育贯穿学校教育教学的全过程，培养健康乐观具有美好情操的合格学生。

因此，我们应该致力于构建审美化的育美课堂，进行探究实践，逐步形成适合校情、学情的审美化活力课堂。在课堂教学中融进美的教育因素，鲜明地体现学校办学特色；以素质教育为核心，以学生的全面发展为目标，以培养学生的综合实践能力和创新能力为重点，渗透美育，实现学生整体素质的提高。

一、开展理论学习，以美育理念导行

构建育美课堂的导演是教师，只有在他们的设计引领下，课堂才能成为传播美、体验美、创造美的舞台，学生才能在这个舞台上尽情表演。

因此，学校要以学习为先导，让每一位教师真正投入学习，提升理论认识，自觉地将美育贯穿于所有学科教学中，增大美育元素在教育过程中的占比。就是说，让"立美育人"成为对师生的一种人文关怀、全面培养、综合发展的充分体现。

二、进行课堂实践，以美育实践提效

1. 展现教学内容美

教师在备课时，不应该被课程内容所局限，应当深度挖掘教材中美好的素材与灵感，让学生体会到学习的乐趣，自然而然地主动学习。

2. 展现教学形式美

教师要不断积极改进教学方法，在每一节课堂中主动运用更加科学、方便的教学手段，将美育融入课程之中，让学生在学习过程中自然而然地受到熏陶。

3. 展现业务素质美

通过历练教师教学基本功，使每位教师在课堂教学中展示美的语言、美的板书、美的体态语言。

一是使用情境化、诗化、美化的教学语言，去陶冶学生、感染学生，给学生以听觉上美的享受。

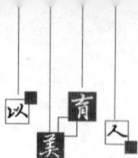

二是板书设计具有内容的完整美、构图的结构美，而且要具有语言的凝练美和文字的俊秀美，给学生规范、悦目的整洁美。

三是教师在课堂教学中要注重穿着、打扮、举止、风度、精神状态等，应有慈祥之容，庄严沉稳之仪，幽默和谐之趣；语言、态势要配合自然默契，浑然一体，给学生以美感和享受，激发学生的学习热情。

4. 体现教学效果美

教师通过引导，使学生能够主动发现课本中的美育因素，在学习中大胆动起来，积极乐起来，兴趣盎然地参与到课堂学习中，做学习的主角，主动参与各种学习活动，在学习活动中感受美、运用美、创造美，从而体验成长的快乐，形成健全、完美的人格。

三、开展课题研究，为育美课堂实践护航

育美课堂其实追求的是课堂中教师教学行为美，学生学习状态表现美，课堂教学实效美。教师通过引导使学生的审美欣赏能力、审美情感体验、审美表现

能力、审美创造能力有所提升。

因此，学校要致力于开展育美课堂的策略探究，努力构建"以美激趣、创设情境；以美激情、探究交流；以美激思、拓展创新；以美导练、张扬个性"的教学模式，促使教师主动地投入实践活动中。

1. 以教研组为中心开展探究实施活动，在各个教研组内对育美课堂教学模式实质内涵进行研讨交流，针对"以美激趣、创设情境；以美激情、探究交流；以美激思、拓展创新；以美导练、张扬个性"这一教学模式的树立，理清每一个环节在不同学科、不同课型中的大体思路和操作方法，确定教师的集中培训时间。

2. 定期组织区域联片教研共同体单位的教师参加课堂教学观摩研讨活动，同时邀请教研室领导、学科教研员参加活动，并进行专业指导，不断完善育美课堂教学模式，以提高课堂教学的效率，达到以美益智，让美育催开学生的智慧之花。

四、健全推进措施，科学有序推进育美课堂实践

探索制定《裕民小学育美课堂实践管理办法》，结合美育理念，修订教师上课、说课、评课、作业设置等评价标准和办法，形成学习推广育美课堂教学模式的新办法，促进教师不断深入教学教法探究，推进育美课堂的全面展开，形成具有学校特色的育美课堂教学模式。

进行美育理念引领。校领导要起好新课程的引领作用，牢牢把握教学的主动权。每学年校长、副校长都要进行一次有关育美课堂方面的专题讲座，帮助全体教师进一步深化认识，拓宽工作思路；教务主任、名师及各组长都要登台讲一节育美课堂教学模式的示范课，并参与观课、议课。

总之，育美课堂是"立美育人"的主阵地之一，它有助于丰富知识、发展智力、提高能力、培养人格。开展育美课堂教学模式研究，构建实施育美教学活动，以多元化、多层面的育美课堂实践，促进教师不断更新育人观念，全面落实党的教育方针，促进学生德、智、体、美、劳全面发展，实现立德树人，为党育人，为国育才，促进学校内涵发展、高质量发展的育人目标。

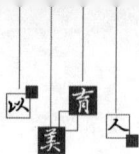

以美修身　美与我们同行

——谈谈学校工会工作中的美育实践

近年来,学校工会按照"以美育人""创建和谐校园"等理念，结合学校美育文化创建，积极创建平安和谐校园，营造和谐美，使教师在优美和谐的环境中育人，享受教育的幸福，增强教师的职业幸福感。

一、以美育人，从内心感受教师职业美

美育是通过情感来影响和熏陶从而实现教学的目的。美育的本质特征是"以情感人，使人怡情养性"。美育能通过美好的事物调动人的积极状态，激发人的

美好情感，陶冶人的性情，与人在情感上产生感动与共鸣。

工会承担着维护教职工合法权益、提高教职工福利待遇以及促进教职工发展的责任。应做到"七个坚持"：

一是坚持在三八妇女节，组织女职工召开庆祝活动，开展女工文娱活动和慰问女教职工、为女教师体检等工作，深化女教师"关爱行动"，充分保障女教职工的合法权益和特殊权益；

二是坚持在教职工生日当天，为教师送鲜花和蛋糕，祝贺教师生日快乐；

三是坚持教职工体检制度，学校坚持每两年为全体教职工进行一次全面体检，同时组织 45 岁以上教职工参加市政府开展的体检活动，保障教职工身心健康；

四是坚持教职工因病住院慰问制度，教职工因病住院，校长带领行政干部一同前去慰问，同时鼓励教职工积极参加上级工会开展的职工医疗互助活动；

五是坚持困难教职工慰问制度，当教职工工作或

生活中有困难时，学校及时关心照顾，每年在"七一"和春节期间，组织开展生活困难党员或教师慰问活动，同时积极申报相关资料，申请市教育局工会和上级工会的相关慰问及困难补助项目；

六是坚持教职工家中丧事慰问制度，教职工直系亲属去世，校领导带领班子成员前去慰问，送去党组织和工会组织的慰问和关怀。

七是坚持离退休教师慰问制度。对离退休教师，学校党支部和工会常常关心他们的生活和健康，每年教师节，学校组织离退休教师进行座谈交流，征求他们对学校发展的意见和建议；每年春节，校领导带领班子成员慰问离退休老领导、老教师，送去党组织和工会的节日祝福。

学校工会组织离退休教师参加"吴忠一日游"活动，参观了黄河楼、"两馆一中心"等标志性建筑，使老党员、老教师充分感受到了我市的新变化、新发展。通过对美的感受、认识、理解，教师们从中得到心理愉悦，在娱乐中接受扎实的基层工会服务。该活动进一步规范了基层工会工作，丰富了学校"教工之家"建设的内涵，增强了"教工之家"的吸引力。

二、以美修身，在活动中培养审美情感

把教职工文体娱乐活动作为工会工作重要载体，营造和谐暖心氛围。工会积极开展"六项活动"：

一是开展教职工健身活动。每年春季运动会、三八妇女节、教师节、元旦等节日，积极开展教工趣味健身活动。

二是开展"最美教师"主题演讲及征文活动。结合学校美育文化创建和师德建设相关要求，开展了"最美教师""最美家庭"主题演讲及有奖征文活动，增强了教职工美育文化素养。

三是开展"关爱生命安全我做主"的主题教育活动。结合学校安全管理示范校创建，开展了禁毒宣传教育、交通安全常识教育、防震演练及预防艾滋病等主题宣传教育系列活动，同时开展安全教育征文、演讲及研讨活动，增强了教职工生命意识、安全意识和安全防

护技能。

四是开展教职工书法、绘画、摄影作品比赛。结合学校美育文化创建和教职工艺术特长培养,开展教职工书法、绘画、摄影作品展评比赛活动,同时推荐优秀作品参加市教育局工会组织的相关活动,增强了教职工的艺术素养。

五是开展教职工教育技术应用技能比赛。结合学校电子白板、电脑网络等现代化教学设备的普及,及时开展相关技能应用比赛活动,提高教师对现代教育信息技术的应用普及能力和职业自信。

六是开展教职工读书论坛活动。通过给党员、教师订书、荐书、赠书及组织读书学习交流等活动,使教职工"爱读书、读好书",养成读书看报习惯,增强了教职工知识文化素养。

七是开展教职工心理讲座和法律培训活动。工会的贴心服务不只于此,从元旦、春节的慰问到对困难职工的救助,从励耕计划到金秋助学,工会组织的温暖贯穿了春夏秋冬每一个时间节点。

三、以美启智，在教师发展中感受成长美

学校工会与校支委、教务处、政教处联合，先后开展了美的素养的活动，如师德演讲比赛、"最"美声音寻找、"最"美教师评选，"最"美家庭评比、美的书写培训、美的课堂教学培训、美的课堂说课比赛等。

具体做法是主要做到"四个抓好"：

一是抓好常态课教学教研活动。通过常态课听课、评课及课堂开放周、开放日等活动，拓展听课、评课、议课氛围，为教师专业成长搭建平台，有力提升了名师及各级骨干教师的专业自信，促进了青年教师的快速成长。

二是抓好校本教研活动。以课例研究为抓手，通过每周三教研组活动，及时研究解决教师在教学开放活动或平时工作中出现的共性或个性问题，群策群力，突破难点，有针对性地开展专题研究，有10个课题被确定为校级课题，有2个课题被推荐为自治区教育系

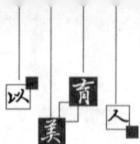

统重点课题，有 3 篇课题研究论文在《宁夏教育》上发表。

三是抓好骨干教师队伍建设。加大骨干教师梯队建设，通过培训、引领、示范、成果展示等多种方式，充分发挥各级骨干教师作用，引领带动青年教师快速成长；开展"青蓝工程""名师带徒"等活动，上好骨干教师汇报课、青年教师"亮相课"和"问题会诊课"，不断提高青年特岗教师、新上岗教师的教学能力。

四是抓好教研平台创建。邀请市教研室教研员到我校听课、评课、做讲座，邀请市教研室主任及语、数、英等学科教研员在学校进行常态课听课、研讨，就语文、数学、英语等学科教学进行专业指导和引领，促进教师专业成长。

努力构建课堂结构美，营造师生和谐美，注重合作探究美，培育课堂机智美，优化教学手段美，全面创设课堂教学美的环境、美的氛围、美的意境和美的情感，让校园处处体现美的要素。用美的手法开发学生的智力，开启学生的智慧，达到以美启智的目的。

总之，在学校工会工作中渗透美育，发挥美育即"情育"的育人功能，通过以美育人，以美启智，以美增信，使教师不断提高修养，完善人格，追求理想信仰，促进人际关系和谐，从而促使教师身心健康、美育素养全面提升，让美育之花在教师队伍中、在和谐校园中处处绽放。

美育实践

MEI YU SHI JIAN

班务工作中如何渗透美育

　　班级活动，为孩子们的成长提供了广阔的天地，活动是教师在课外有目的设计的一种集体教育形式，让学生在其中担负不同的角色，完成各种任务。多彩的班级活动中拥有丰富的美育资源，在班级活动中充分挖掘美育资源，有利于提升学生的美育素养。

一、创建班级文化，营造环境美

　　1. 当学校提出进行班级文化建设这一思想，我向学生讲明后，学生自发组建小组，两天后学生拿出了自己的设计方案，学生把教室当成了"家"，参与教室的布置，在无形中强化了学生的主人翁意识。他们

的设计美观、大方，适用性强，体现了他们的思想，让人好不赞叹。我又把教室墙壁划块分割，分别分给不同小组完成，使学生的能力得到锻炼，团队意识得以加强，老师在其中鼓励、指导他们，选择漂亮的花，教室中绿意点点，春意盎然。肯定学生的成绩，完善不足，陪伴他们一天天长大，羽翼一天天丰满，直到展翅高飞。

2. 对黑板报的版面进行精心设计，同学们把后黑板当作一块肥沃的美育田野，我让学生自主设计版头、版面、插图，起初学生怕这怕那，我领着他们干，我勾画，学生涂色，我画版面，学生画插图，一次、两次，学生终于能独立办黑板报了。充分利用黑板报的美育功能，宣传德育思想，已成为我班环境文化的一部分，老师和同学们在不断的艺术实践中提高了审美能力。

二、开展主题班会，展示学生个性美

幼苗的苗壮成长需要肥沃的土地、充足的水分和明媚的阳光，学生的健康成长更需要民主、和谐的班级环境，这种环境可以激发学生的主体意识，增强自信心和责任感。

当我们班承担学校主题队会示范课时，同学们异常地兴奋，我趁热打铁，告诉学生们活动主题队会的设想和需要他们做的一些准备工作，激励学生自己主动设计并承担一些活动任务和角色。"老师，这次我们想自己设计。"看到同学们积极踊跃的参与情景，我感到非常欣慰和幸福。

果然学生自己组了队进行设计：道具组、表演组、编导组、收集资料组等，不到三天学生拿出设计方案，利用课余时间进行编排。一星期后，他们邀请我验收节目。摆在我面前的是完整教案，主持人、串词等一应俱全。看完后我好激动，连声赞叹："太好了，太好了！"

本次主题队会，我只提出了修改意见，扮演了指导者、参与者和协调员，就这样由学生组织的主题队会，展示给了老师们。队会课上老师们看到了同学们的精彩、自信的表现，非常赞赏。

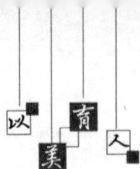

美育的最主要的任务，是教给学生通过发现周围世界的美、人际关系的美，感受到精神的高尚、善良和诚挚，并在此基础上确立自己美的品质。主题班队会为学生审美情感的培养提供了独特的成长和锻炼的舞台。

三、组织艺术教育活动，展现艺术美

良好的班级活动像一块磁铁，学生通过班级活动氛围，良好的人际交往，得到鞭策和鼓舞，加大集体组织强度。班级开展"八小"活动，即小画家、小歌手、小发明家、小乐师、小舞蹈家、小演讲家、小主持人、小作家。这样学生各方面的特长和兴趣得到充分挖掘。我通过多种形式鼓励学生不怕苦、不怕累，坚持练习，以良好的状态发展特长，增强自信。我班开展活动时，各种人才都有了：吹拉弹唱，样样在行；小品快板，妙趣横生；优美的舞姿、刚劲有力的武术等，博得同学们的阵阵掌声。我积极从艺术的角度挖掘美育资源，培养学生的审美兴趣，陶冶学生的情操。

四、开展"乐读书"活动，丰富情感美

我对学生进行课外阅读指导。如：读物推荐课，主要向学生介绍适合的课外读物；读书方法指导课，配合着设计了"读书卡"；读后叙述课，我设计"童心感悟卡"；交流评论课，指导学生课外读好书、会读书，提高阅读能力和兴趣。该活动的开展带动了班内学生看书热，班级里涌现出一批酷爱读书的学生，如"小书迷"李默轩、"评书大王"王亮、"故事大王"马晓峰……在活动访谈中，孩子们高兴地说，这样的活动让他们受益匪浅，真正体会到读书的乐趣，感受到知识美、情感美。

总之，班主任要转换角色，与时俱进，具有美育意识，充分挖掘美育资源，让美育给学生的灵魂注入阳光，注入清泉，注入钙质。让美育实践引导学生欣赏美、热爱美、维护美、创造美，促进学生全面健康成长。

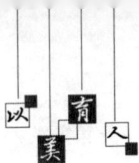

小学班主任如何做美育的有心人

美育即审美教育，美育对于培养学生健康的审美观念和审美能力，陶冶高尚的道德情操，培养全面发展的人才具有重要作用。在学校教育中，班主任是实施美育的最得力、最重要的人物，具有不可替代的直接性、参与性和身教性的特殊教育作用。

作为小学班主任，针对低年级学生年龄小，对身边的是非、美丑没有一个准确的判断等情况，更要提高认识，发挥美育在教育教学中的作用，做美育的有心人，才能够在班级管理中对学生进行有效的美育渗透。

一、组织学生创造美，把美带进教室

针对班内学生下课大喊大叫、你追我跑、说脏话、吃零食的问题，利用班会课我组织学生讨论：这些现象美不美？怎样做才美？经过激烈的讨论，同学们一致认为："悄悄说话、慢慢走路、不说脏话、不吃零食"就是美。自此这十六个字就出现在班里最醒目的地方，时刻提醒学生把美记在心里。同时，安排小小监督员责任到人，对班里吃零食、说脏话的同学进行监督。发现问题及时反映给老师，再进行说服教育，同时，主动与家长取得联系，规范学生的行为。

除此之外，我鼓励学生自己亲自动手制作了手工创意作品：各种各样的毛线编织娃娃。在美术老师的协助下，把学生的作品张贴在墙壁上进行班级文化布置，让孩子一走进教室就能感受到美。

二、引导学生发现美，在学生的行为习惯中渗透美

美无处不在，只要你细心观察，就会发现美。但

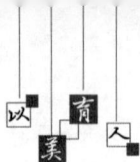

学生的观察力和发现力是有限的、浅显的。这就需要班主任引导学生去发现，尤其是在对自然美的观赏中应引导学生的审美注意力：把听到的、看到的一些美的现象、美的行为，在班内进行分享，说一说为什么美、美在哪里。

我班有位学生叫张志诚，父母离异，奶奶身患癌症，生活非常困难，平时的家庭教育跟不上，行为习惯就更不用说了。但在一个星期一的早上，我刚到校，在门房签到，身后传来了熟悉的声音，回头一看是我们班的张志诚同学，他面带微笑地问了一声："老师早上好。"在走向班级的途中，在与张志诚相距 10 米远的地方，我看见他捡起面前的几片废纸跑向了垃圾桶……

早自习后，我把发生的事情讲给了全班同学听，并组织学生展开讨论，同学们一致认为他讲礼貌、讲卫生的行为是美的。我还对张志诚进行了奖励：一支铅笔和一张笑脸贴画。随后，我又让孩子们将这件事的过程写了下来，从此，张志诚成了班里讲礼貌、讲卫生的标兵，每天孩子们到校第一件事就是主动问老师好，回家解散时，不停地向老师再见，无论在室内还是室外只要见到垃圾就会主动捡起来。

三、做小学生的榜样，把美传递给孩子

对于小学生而言，他们学习的第一榜样是班主任和各位任课老师。而与他们相处时间最久的还是班主任，因此班主任一定要有自省意识，注意规范和约束自己的行为，这样才能起到好的带头作用。

在一个周末的傍晚，我搭乘出租车回家，在出租车上捡到了一个钱包，里面装有身份证、银行卡，还有三百元现金。为了快速找到失主，我选择将捡到的钱包送到了古城派出所……

第二天到校后，正好上课要教学生学写日记，于是我将捡钱包的事情用日记的形式，呈现在了大屏幕上，并告诉学生这是发生在老师身上的一个真实的故事。课堂上，孩子们不仅知道写日记要写有意义、印象深刻的事，还明白了拾金不昧是一种美德。

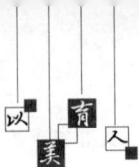

课下学生们都围着我说："老师，你真棒！你是我们学习的榜样！"从此，拾金不昧的种子种在了学生的心中，学生只要在班里捡到物品、钱都会主动放到讲桌上的失物箱里，在班外捡到的就和班干部一起交到学校的失物招领处，等待失主认领。

四、协调学校少先队、家长及社区，引导学生接受美育

教育是多方面的，仅仅依靠一个人的力量是不行的，只有多方面协作，才能取得更好的效果。为此，作为班主任要积极配合学校少先队，做好学生思想教育工作，开展好丰富多彩的少先队活动，使学生从中受到美育的教育。

家长在美育教育中起着积极推动作用，我们要取得家长的支持和配合，利用家长会、家委会开展的活动及时与家长沟通，了解学生在家的情况，积极鼓励家委会组织学生参与社区活动，充分发挥少年宫、图书馆等部门作用，构建"社区、家庭、学校"三位一

体的美育网络。

　　总之，班主任是落实美育工作的重要一环，尤其是对小学生而言，班主任的引导作用更加重要。身为小学班主任，应当注意将美育融入学校教育的每一处，不仅在课堂上，在课外的活动中也应该注意对学生进行美的教育，培养他们发现美的眼睛。

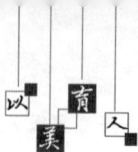

"美"若春雨　润物细无声

——班务工作中的美育渗透

美育教育造就高尚人格，在人才培养的整个过程中，美育是必不可少的，也是不可替代的，没有美育的教育是不完全的教育。在《面向21世纪教育振兴行动计划》之中，美育得到全面的阐述和肯定。一个人只有分清美与丑的界限，才会去体验美、创造美。小学教育尤其是从事班务工作，美育像春雨，滋润着柔弱的幼苗，净化着整个班集体这样一块未开垦的天地。真乃润物细无声啊！

一、"形象美"的潜移默化

形象指能引起人的思想或情感活动的具体形态或姿态。教育工作者的言传身教中的身教则是最好的形象美。责任对于小学生来讲是抽象的、模糊的，它的具体表现就是在班集体中应该做些什么。但这些概念化的理论小学生往往不太理解。如果树立榜样，用榜样的魅力感染引导学生，效果就会显而易见。

因此，教师要做到"美中求实"，教师的"形象美"要起到潜移默化的作用。开学伊始，班里"百废待兴"，教室里纸屑"蜂拥"，教师一味的说教只会重复昨天的程序，这时候，弯下你的腰捡起的是纸片，凸显的是责任，美化的是心灵，"形象美"在学生的心里会生根发芽。一双手带动几十双手，一朵"美"的花儿开放在校园是风景，一片片"美"的花儿开放在校园那是美的班风、校风……形象美产生的效应是责任与担当，人人有责任，班班有行动，美的班风、校风就会自然形成。

二 "美语"架起心灵的桥梁

语言美的范畴很广，作为一名班主任，不能成为语言大师，起码语言要风趣幽默，至少懂得心理学常识。班里的单亲留守儿童自尊心强而且孤僻，不愿接受任何友好与馈赠，作为接班教师，首要任务是要做好他的心理疏导，增强他的自信心和责任感，教师主动找他谈心，了解家庭经济状况，通过巧妙的办法为他置办学习用具等，使孩子感受到集体的温暖、人间的美好。

为了不伤他的自尊心，当他没有本子的时候，老师把他叫到身边，悄悄告诉他，自己家里曾有个小商店，有许多本子，然后送给他本子，并不让其他同学知道，孩子接受了，因为他感受到了美好的东西就在身边。

有一次，老师有困难，班里的卫生没有人带头负责，鼓励了半天没有人承担，这时这个学生举手了，"老师，我来做这件事！"当时，老师激动了，老师被他的责任感与担当所感动，多么好的孩子，知道回报、知道感恩，这不是美是什么？

小芳是个自傲的女孩，她每天来往于老师的办公室，但看见老师就跟看见空气一样。有一次，老师批评了她，她口服心不服，虽然见了面含笑点头，但只是"皮笑"而已！终于有一天爆发了，她没有做班主任老师布置的作业，这还了得，真可谓大事不妙。老师单独和她耐心细致地谈心，推心置腹地讲道理，循循善诱的"美言美语"使孩子茅塞顿开……

班会课上，老师为调座位大伤脑筋，问谁能帮老师解决贾月个子小却坐在最后的难题，韩心举手了，老师当场激动不已大声说："孩子，你真美！"

三、遵守校规，严守公德、分辨美与丑

遵守校规是"约束"，严守公德是克制自己，作为小学生努力做到这两点就是达到了至高境界，教师的引导要润物细无声——从培养习惯做起，杜绝零食，互相监督。

一天，有同学反映，咪咪在门口小卖部买零食，老师没有说教、批评学生，而是收集有关小零食不卫生、

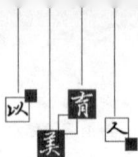

不健康的资料，从制作过程到制作场地，学生看到视频后真正理解了什么是垃圾食品。从此班级吃零食的坏习惯逐渐改掉了。

爱护公物是"公德"的体现，可是同学们如果没有辨别"善恶美丑"的意识，那公物损坏何时是尽头！对于"丑恶"行为的制裁也是彰显真善美的有效手段。损坏公物照价赔偿，不仅维护了公共利益，也使学生认识到：爱护公物是美，损坏公物是丑。

四、诚信友善，尽享美好童年

童年是阳光灿烂的，同学之间的友情是童真无忌，值得回忆，要从小培养学生诚信友善、团结互助的优良品质，首先要从诚信做起，教师要树立诚信的班风。凡事要向学生提出明确要求，如犯错若如实承认错误，老师就不惩罚，否则就会严厉惩罚。这样学生慢慢了解到老师的目的是培养学生诚实的品质。习惯就会慢慢成为自然。

有个漂亮的女孩子，她先天不只是好动，平时还不爱写作业，有时还会随便拿同学的学习用具，久而久之，同学们对她冷言冷语，有时甚至拳打脚踢。老师发现后首先严厉批评错误行为并指出同学之间就像兄弟姐妹，要心存善念，爱护弱小，并让他们当众赔礼道歉，拉手言好，让正能量的教育理念在班里传播。女孩慢慢由胆怯变得勇敢，她的眼睛里充满了勇气和信任。

班会上，她大胆为大家演奏古筝，博得全班同学的好评，从此大家对她刮目相看，在欣赏"美"的过程中学生发现了美，并尝试创造美——大家愿意和这个小女孩同桌，并帮她辅导数学，帮她听写词语。童年的记忆是美好的，让孩子的少年时代尽享真善美，畅沐明媚阳光。

"美"，人皆爱之，美育是一把打开学生心灵大门的金钥匙，学生的世界观、价值观的形成离不开真善美的熏陶，离不开教师循循善诱的引导。班主任的言传身教只有像春雨那样"润物细无声"，潜移默化地慢慢渗透，才能达到至高至美的境界。

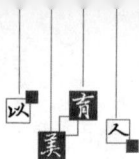

培养审美情感　激发写作兴趣

摘要：写作是语文教学的重要组成部分，让小学生喜欢写作，爱上写作，更是小学语文课堂教学中培养审美情感、进行美育教育的重要内容。教学中我利用多媒体技术图文并茂、声像俱佳、动静结合、可突破时空限制和表现力丰富等优势，激发学生的习作兴趣，将习作教学推向发现美、感受美、表达美等审美情感培养的全新的境界。

长期以来，习作教学一直是我们语文老师最为头疼的事。提起作文，老师犯难，教了千千遍，学生还是想写什么就写什么，想怎么写就怎么写。学生也犯难，听了千千遍还是不知写什么、怎么写。但随着多媒体电子白板进入课堂，我一下看到了希望，真是"山重水复疑无路，柳暗花明又一村"。

一、在情景再现中发现美，激发学生的写作兴趣

叶圣陶先生说："生活犹如源泉，文章犹如溪流，源泉丰盈，溪流自然活泼地昼夜不息。"也就是说生活是学生写出好文章的前提，但现实往往是学生日常生活足够丰富多彩，而由于他们不善于观察、积累生活经验，所以一到习作课就挖空心思想"我要写什么"。学生总感觉自己一天就是上学、回家、吃饭、睡觉或者随意地玩一玩，有什么可写的？即便有可选的素材，可又感觉明明刚发生不久的事情或刚看过不久的事物，自己怎么印象如此模糊？当时的兴奋也好，感动也好，还是喜欢也好，都随着时间的流逝而淡化，有的甚至毫无印象，致使习作时师生均困扰不已。

但随着教学环境的优化，多媒体作为教学的辅助

手段进入课堂，使我感到"山重水复疑无路，柳暗花明又一村"。多媒体融声、影、像、文字于一体，可以突破时空的限制，把现实生活中的情、景、事、物再现于课堂。既丰富了课堂教学，为学生习作提供了鲜活的素材，又解决了学生习作中的困扰，激发了学生的写作兴趣。

例如，在学习了《鸟的天堂》这篇课文后，我要求学生学习课文"点面结合"的写法，观察并描写一个热闹的场面。但到习作的时候才发现学生早把老师布置的观察的任务给忘了，场面描写成了记流水账，成了叙事。

无奈之下我只好再次陈述要求，并亲自组织了一场拔河比赛。为了防止学生再次把全部的注意力都放在比赛上，而忘了习作这一任务，我请人将这一比赛场面录了下来。习作指导时我把比赛的场面通过多媒体电子白板完整地再现于学生面前。当学生像看电影一样在大屏幕中看到了自己、看到了同学，看到了如此鲜活的生活画面时，他们终于发现原来他们的生活并不是淡而无味的，而是如此丰富、美好，他们一个个既兴奋又激动，交流时在老师的引导下可以说是群情激昂。

再如，指导习作《课间十分钟》《美丽的校园》时，利用多媒体再现生活场面和景物的画面，让学生在真实的视觉感受中领略生活的美好，并通过手中的笔将这种美好表达出来，充分地激发了他们的写作兴趣。

二、在美文赏析中感受美，指导学生的写作方法

在进行作文课教学时，学生普遍反映"不知道写啥"，确定开头后又经常写着写着写不明白啦。对于学生的这些问题，教师应当有针对性地进行指导，设计更加科学合理的教学方案。

例如，在指导写"我身边熟悉人的一件事"时，学生大都能恰当地选材，但对如何把这件事写具体，学生感到困难重重。于是我利用多媒体的便利适时地把范文《争吵》引入课堂，让学生在阅读中思考：范文写了一件什么事？表现了人物的什么特点？作者是

如何把这一特点表现出来的？

在一步步的引导下，学生明白范文之所以写得这么美，是因为作者"把人物的特点介绍得非常清楚，抓住了人物的动作、语言、神态、心理进行细节描写，才使人物形象跃然纸上"，所以自己要想写出优秀的文章就要从细节上下功夫。

课内外阅读中有许多优美的文章或片段，在习作指导中都可以作为范文展示于大屏幕上，让学生欣赏。有了美文引路，从中领会了写作方法，学生完成习作也就容易了许多。

三、在习作修改中创造美，提高学生的写作能力

著名教育家叶圣陶先生在一次讲话中指出："作文教学要着重培养学生自改的能力。"鲁迅先生也曾说："文章不是写出来的，而是改出来的。"可见修改习作的能力对提高学生的习作水平是多么重要。

传统课堂的作文教学多通过朗读美文的形式开展，一般是教师领读，学生跟读，但往往得不到很好的教

学效果。这个过程中学生容易开小差，注意力不集中，读过就忘了，下次自己还是不会写。

但自从安装了电子白板以后，作文的讲评、修改就直观、简洁、高效了许多。对于典型性问题的习作，教师详细批改后，通过展示台将文章在大屏幕上反馈给学生，指导学生进行"问题会诊"，一步步引导学生围绕作文要求从布局谋篇到选材再到语言文字的运用等，全方位进行修改指导，形象又直观。

四、在多元评价中鉴赏美，激发学生的写作动力

人都是有自尊心的，总是希望自己做的事情得到别人的肯定、赞许、羡慕和尊重。这种正向的情感输出，能激发其劳动的动力，延长劳动行为；反之，长久得不到正向反馈的行为，慢慢便会被遗忘。

在作文教学中，我尤其注意这一点。每一次的习作都用心批改，找出每个同学习作中的优点：或命题好，或某一段细节描写写得好，或文章篇章结构好，或遣词造句好等，尽量使每个学生都能感受到老师对他的

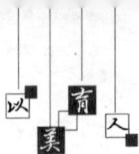

肯定，从而增强写作的信心，鼓起勇气，去大胆地写。这样，学生就越写越想写，越写越爱写，逐渐由以往的"要我写"发展为"我要写"。

同时，习作讲评中，我积极运用电子白板的优势，改变以往点名表扬的方式，在白板上设立光荣榜，比如，"习作超人""书写小能手""命题达人"等。这些学生在享受成功喜悦的同时，更激发了浓厚的写作兴趣，为以后写出更美的文章奠定了基础。而对于那些写作能力不强和不愿意写的学生来说，也会促使他们产生一种向往——我也要上光荣榜，从而激励他们发自内心地想要去创造美——哪怕是一个美的题目，一句或一段美的语言。

其次，以往的习作讲评中，对于"佳作欣赏"这一环节，老师往往是让学生本人读或由老师代替读，学生在听读中努力地去寻找、记住他人习作的优点，以便在交流中学习、借鉴他人的布局谋篇，遣词造句。现在有了交互式电子白板，既可以大量展示学生的优秀习作，使更多的学生接受他人羡慕的目光，又可以让学生直接面对文章，在视觉欣赏中发现他人习作中的优点，加以学习和借鉴，极大地激发了学生的写作动力。

总之，在习作教学中合理地运用多媒体，构建育美课堂不仅能够引导并激发学生的写作兴趣，同时也能让他们明白写作细节和注意要点。使学生在发现美、感受美、评价美中创作出一篇篇优美的文章，为作文教学锦上添花。

如何在语文教学中培养学生的审美情趣

《义务教育语文课程标准》（2022 年版）总目标中指出："在语文学习过程中，培养爱国主义、集体主义、社会主义思想道德，逐步形成正确的世界观、人生观、价值观。""能借助不同媒介，表达自己的见闻和感受，学习发现美、表现美和创造美，形成健康的审美情趣。"语文教学不仅要进行语言文字的训练，还要有文化的传播，更要有审美的熏陶。教育部门在总目标的第一条中就强调"培养学生的审美情趣"，可见审美教育在语文教学中的重要性。

审美教育反映在语文教学活动中就是要求教师要

以教材为基础，联系日常生活实际，启发学生并使学生具有发现美的意识，促成学生自觉的爱美意识，激发学生创造美的兴趣。可以说没有美育的教育就是不完全的教育。在教学《我站在祖国地图前》一文时，我发现这篇课文虽然是一首诗歌，却是对学生进行审美教育的很好范文。

一、引导学生"慧眼发现美"

在第一小节中，出示句子"金黄的是沙漠，深褐的是高山，碧蓝的是湖泊，翠绿的是平原，淡绿的是沼泽，浅蓝的是海湾……"同时我把这句中表示颜色的词用相应的颜色表示出来。让学生不但体会到了文字的韵律美，还看到了不同颜色的文字，视觉上给学生以美的享受。在不知不觉的学习中，逐渐培养了他们的审美能力。

这首诗的第二小节是要求重点理解的。而这一小节中的有些句子写得非常美，如"珠穆朗玛峰，举手能摩天。南沙诸海岛，撒开珍珠串"。这一句通过夸张、

比喻的修辞手法，把山的高、岛的美展现出来。教学中，我先提出学习要求：让学生画出自己认为写得美的句子，然后品读，边读边想象，体会它们的美。在"找、读、看"中一步一步引导学生发现语文学习也是一种很"美"的享受。美的语言，美的韵律，美的画面，并不是枯燥无味的，在无声无息中不仅培养了学生的审美意识，还进一步激发了学生学习语文的兴趣。

二、引导学生"用心欣赏美"

如何感受美听起来似乎是一件没有标准答案的事情，似乎只可意会不可言传。落实到开展美育工作中，教师应当引导学生在美文、美景等美好事物中发现美。为了让学生更好地理解课文内容，我在课前就指导学生收集一些与课文内容相关的资料（可以是视频、图片，也可以是各种文字等），让学生在理解句子时，相互交流、展示。当学生发现文章的"语言美"之后，在欣赏美的文字的同时，我借助多媒体课件播放了一些祖国美景的视频、图片等，让学生在具体形象的画面中感受美、欣赏美，从而理解课文内容，明白文章中的"意境美"，让学生能够透过文字感受到祖国的大好河山，激发并强化学生的民族自豪感。

在理解了诗句后，我引导学生结合课文内容谈谈自己的感受，当学生谈完自己的感受后，我就顺势让学生带着这样的感受美美地读一读这句话，再次感受文字所描绘的画面之美，细细品味作品美的意境，激发学生审美的情趣。在教学中我以"读"为着眼点，让学生在读中整体感知，在读中有所感悟，这样既培养了学生独立阅读的能力，又激发了学生学习的兴趣和审美的情趣。

三、引导学生"用情创造美"

语文教学中写作是对美的表现和创造的训练。在写中融入审美教育，让写作表现出来的美感更强烈、更持久，并逐步塑造出充满个性的审美能力、审美观念、审美趣味和审美理想。当把第二小节学完后，我就引导学生进行美读，在读中深刻体会文章中作者所表达

的情感，边读边想象画面，然后因势利导，让他们进行练笔：仿照作者的写法，试着写一段优美的文字，并运用自己学过的优美的词句，表达自己对祖国的赞美和热爱。这样将阅读与习作结合起来，让学生在欣赏美文的同时，自己试着创造美的语言，进一步提高了他们美的情趣。

总之，在小学语文教科书中，每一篇文学作品无论在语言、意境、形象上，还是在结构上都充分地体现着美。每一位语文教师都应自觉地挖掘教材中美的语言、美的形象，在语言文字的训练过程中，在阅读教学中，从点滴入手让学生去感知作品中所蕴含的情感、韵味及审美理想。

小学语文教学如何渗透美育

不同年级的语文教学遵循的规律不同，选择的主体不同，低年级语文教学应当以学生为教学主体，遵循他们的审美规律，引导学生发现并感受到美，最终实现学生创造美的教学目的。教学应当由浅入深进行，利用教材里精心挑选的文章，由教师设计并安排学生慢慢体会、逐渐提高。这种引导式的教学方法，也能够让课堂活跃，提升学生学习兴趣，提高教学效率。那么，我们如何在课堂教学中向学生进行美育渗透呢？

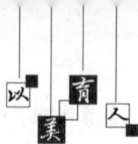

一、创设情境，让学生身临其境地感受美

无论是诵读美妙的古诗，朗读朗朗上口的儿歌，还是阅读语言优美的文章，或与文章里人物形象对话，都离不开学生情感的投入。因此为学生创设一定的情境，营造一定的氛围显得尤为重要。教师可以通过播放配乐朗读、范读美文、播放乐曲和展示画面等方式激发学生的兴趣和情感，使其积极主动地进入阅读境界。

宋其蕤先生在《语文教学论》中说："语文教师声情并茂的朗读叫美读。教师的美读，实在是感染学生的一个好办法。"语文S版下册第一单元以春天的美丽景色为主，有诗歌、童话故事、短文和古诗。《春天在哪里》和《笋芽儿》两篇课文都用拟人化的手法介绍了春天特有的景色，语言生动有趣。教师美读一遍，可以叫学生身临其境，融入其中；还可以叫学生脑海中浮现出一幕幕灵动的画面。课文的情感，已经在教师的朗读中感染了学生。教师的范读，可以让学生近距离地感受教师对课文情感的领悟和诠释，从而激起自身的情感，在教师声情并茂的朗读声中去感受春天之美，感受大自然之美。

教师也可以用形象的画面把学生引入情境。学习《春天在哪里》时，由于我们这儿的春景来得较迟，学生又缺乏观察，他们眼中看到的春天、头脑中想象到的春天都比较简单。老师展现一幅幅画面：微微吹动的春风，细如牛毛的春雨，红着脸的桃花，探出头的小草和笋芽，黄的迎春花，青的麦苗，长着嫩芽随风跳舞的柳条，枝头唱歌的小鸟……由此将学生带入春意盎然，大地一派生机勃勃的美丽画面，更能激发起学生热爱生活、热爱大自然的思想感情。

教师要利用自身的优势和文本的特点，选择恰当的方式激发学生的兴趣和情感，调动学生的积极性和主动性，去初步感受文本的形象、情感和意蕴。当然，学生进入情境之后，教师要引导学生反复朗读、品读、精读，以全身心的投入去感受文本之美。

二、恰当的引导，助学生正确鉴赏美

感受美只是美育的第一步，我们还应在唤起学生美感的基础上，让学生深入文本，去思考、领悟，准确恰当地鉴赏美。《笋芽儿》一课，学生通过充分朗读课文，了解笋芽儿在春雨姑娘、雷公公、竹妈妈的鼓励下，克服寒冷、石块挡路等种种困难，趁着大好春光破土而出，看到外面明亮而美丽的世界的过程，使学生体会到笋芽儿不怕困难、勇敢向上的精神。这也正是学生要学习的勇敢面对生活，勇于克服困难，积极奋发向上的精神品质。

《有趣的作业》一课，老师布置了一项别出心裁的作业：到大自然里去找春天，把能代表春天的东西带到教室里来。其他同学都带来了野花、桑叶和小草。小丽想到要保护花草，就把玉兰花画了下来，小龙为了不伤害小蜜蜂，用盒子装着活的蜜蜂，等检查作业后要放了它。在学生反复阅读课文后，老师引导学生讨论"你喜欢他们中谁的作业，为什么？"在交流中学生懂得在热爱大自然的同时还要爱护动植物，保护大自然，也要像文中的同学一样养成用心观察生活的好习惯，要有一定的创新思维。

文章中的笋芽儿、小丽、小龙的形象，是作者价值、观念的体现。更是学生自主阅读、个性化阅读之后价值观和思想认识的体现。这就要求教师要引导学生深入文本，正确读出文本，读出作者，读出自己的情感体验。去发现文本之美、人物形象之美，从而树立正确的审美观，培养高尚的审美情操。

有位艺术家说过："美是由想象力通过眼睛去发现的。"教师要善于启发学生去联想、想象。让学生插上想象的翅膀，飞进文本的世界里遨游，去感受文本的形象美，领悟文本的情感美，探究文本的意蕴美。教师可以描述形象生动的画面，让学生闭目想象。总之。教师要善于用各种方式启发、引导，让学生更好地感受、鉴赏文本之美。

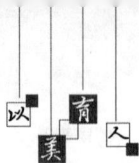

三、创设自由空间，促学生自主地创造美

美育在语文教学中的任务，除了激发学生感受美、鉴赏美之外，更重要的是引导学生创造"美"。学生对文本的阅读品悟，往往会带有更多的主观性和个性化的理解。

如《有趣的作业》一课，小丽和小龙在找到春天的同时还保护了花草和小动物，得到了大家的夸赞，有同学就会觉得其他同学摘来了野花、桑叶和小草是不对的。老师应珍视学生的独特感受、体验和理解。激发鼓励学生有不同感知和理解，给学生创造争议讨论的空间。正确引导学生积极地富有创意地理解文本的意义。其实，其他同学用心观察大自然，都找到了自己眼中的春天，完成了老师布置的作业，也是很好的。从而促使学生在感受美、理解美的基础上去创造美。

又如，在教学古诗时，教师要抛弃自己专断的讲解，让学生自主、自觉、自由地进入古诗，尽情去诵读，感悟、享受古诗寥寥数字却意境深远之美。贺知章的《咏柳》、杨万里的《小池》有诗有画，有情有景。没有画地为牢的思维界限，学生会"海阔凭鱼跃，天高任鸟飞"。学生在读中可以去感受轻盈、欢快的韵律之美，可以去想象风吹柳叶绿，柳枝随风舞，荷叶露尖，蜻蜓点水的美丽画面。感受古诗描绘的美丽景色，体会诗人的心境之美，感受古诗的语言魅力。

小学低年级阶段的学生，由于他们年龄小，知识面窄，生活经验少，因此，教师在教学中渗透美育，培养学生的审美能力，陶冶他们的情操，就显得尤为重要。所以在语文教学中教师要善于把握教材之美，挖掘教材之美，创造性地使用教材来渗透美育，这也是把语文教好、教活，真正体现大语文观的前提。

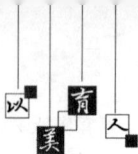

在作文教学中培养学生的审美情感

真善是美育的基础，在作文教学中培养学生的真情实感，有利于学生审美情感的培养。

"写作文是吐露自己心声的最好方法，写作最主要的不只是语言的华丽，而是要有真情实感，要写自己的生活，抒发自己的真实感受。我一直记得余老师的话，也喜欢听她讲作文课。一路走来，有了我今天写作的成功。"这是学生贺璞玉写在自己的《作文集锦》前言中的一句话。

学生金惠娟在作文中写道："自从做了余老师的学生，连最不爱也最不会写作文的我都喜欢上了写作文。"多年来一批又一批学生总是对我的作文指导给予褒奖。

我在一次次的写作教学中引导学生"认识自我,认识世界,感知真善美",在提高学生写作水平的同时,培养了学生的审美素养。

一、教会学生用眼观察生活,用心体会生活,用手写生活

叶圣陶老先生说过:"生活如泉源,文章如溪水,泉源丰富而不枯竭,溪水自然活泼地流个不歇。"

生活是写作的源泉,作文的素材来源于生活,只要写作教学不脱离学生实际生活,不过于悬浮,适当的引导都能够让学生产生倾诉和描写的欲望。

现实教学中,同学苦于生活面不广,没有新颖独特的材料可写。那么,怎么才能捕捉到让人耳目一新的材料呢?这就要做生活的有心人,注意发现生活中有趣、值得一提的事。

同时引导学生不要陷入盲目学习优秀作品的误区,

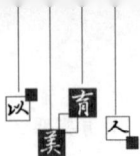

人和人的经历、看事情的角度都不一定相同，只有写自己心中所想的内容，才能写出生动、鲜活的好文章。

如在写《第一次……》时，每个同学写得都不同。家庭生活水平一般的刘莹写了她《第一次体验买菜》，心里描写写得真实感人；家庭文化氛围浓的李默轩写了《第一次作诗》，他的开头这样写道："挠挠挠，我挠了半天头，也没写出一个字，我心想大诗人李白的头肯定挠破了，才写出两千多首诗句……"文章洋洋洒洒写了六百多字；出生于做生意家庭的吴平凡写的是《第一次当小老板》；家庭条件优越的马东写的是《第一次坐飞机》；等等。

老师还要引导学生会感受生活。记得我在马莲渠学校的时候，曾安排学生参观一个二百亩的果园，当时选择的是果树开花的季节。我首先对学生进行如何用眼观察的指导，然后实地指导学生捕捉精彩画面，回来进行写作方法指导、语言文字润色指导。学生的一篇作文给我留下了深刻的印象。学生生动形象地写出了各种树的花朵你不让我、我不让你，争奇斗艳的壮观景象，写得好美，好细腻。我感叹不是学生写不出，是我们的工作没有做到。

教师要引导学生捕捉生活中的瞬间。从三年级我就安排学生做小广播员。每天中午铃声响后，有两个学生说自己今天看到了什么，听到了什么。长期坚持，学生就习惯用自己眼看，自己耳听了，也不愁"巧媳妇难做无米粥"了。

二、作文教学要恰当融入阅读教学中，在读写中感受真实情感

语文教材中每篇课文都是专家精选出来的内容。我充分发挥和利用教材优势，在阅读教学时，写作犹如一条红线，始终贯穿在教学中，讲在课堂、练在课堂，充分发挥札记本、小练笔的作用。

让每堂课都渗透作文指导，不论是写作方法还是表达方法，不论是遣词造句还是修辞手法运用等，不受时间、内容、篇幅长短的限制。一学期六年级的学生写几十篇。

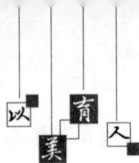

如学习了童话，我就指导学生学写《我和卖火柴的小女孩》《卖火柴的小女孩到我身边》《大桥的故事》《鸟儿的心声》《假如我有一只尼尔斯的鹅》等。学生丰富大胆的想象寄托着他们美好的愿望。学生写得丰富投入。

如学习《开国大典》中的第1、3自然段，我就让学生模仿文中语言文字，描写曾让其激动的一个场面；学习《秋天的怀念》当讲到一位癌症晚期的母亲告别世界的最后一句话是"我那个有病的儿子，我那还未成年的女儿"时，我出示了引领句"母亲是雨中小花伞"，并限时五分钟让同学们仿写，同学们写道："母亲是沙漠中的绿洲，冬日的阳光，黑暗中的一束光，口渴时的清泉。"这赋予了情感的练笔，深化了文章的主题。

学习《花边饺子里的爱》，我布置学生晚上给妈妈洗一次脚，第二天进行10分钟写作，只写闻到的、看到的、感受到的。我训练学生细节描写，解决怎样把内容写具体，怎么写出文章的真情实感，并在写作中对学生进行感恩教育。

学习朱自清的《匆匆》，我让学生仿写书中句式。学生写道："是啊，闲聊的时候，日子从嘴边飞快溜去；跳皮筋时，日子从……"这样长期看得到、摸得着的训练，比只靠两节"纸上谈兵"的作文课效果不知好上几倍。

三、倡导写生活中的小事、小人物，遵循小故事大道理

我鼓励学生写小事，写平凡的人。如方鹿宇的一篇《不讲理的妈妈》就利用一件小事写出了妈妈遇事不讲理的样子，这其实也折射出我们大人在孩子面前都有不讲理的一面。

马倩《给妈妈打工》就写了帮妈妈做家务，妈妈给她付小费，她激动自己也能挣钱了的事。续思涵写的是自己抱着演出服，慌忙上楼，不小心把一件演出服落在楼梯上，等她返回找时，校长拿着演出服在那儿等她的事。

这几篇文章登载在《吴忠日报》上，除此之外，还有很多这样的例子。我经常鼓励学生写小事，那是

因为这些事再现了生活中的一个个特写，这样的文章也是最有生命力的。

四、捕捉写作的最佳时机，让学生及时表达真善美的感受

写作不应受时间、环境、人为因素的制约，要捕捉写作的最佳时机，抓住学生写作兴奋点，写在随时随刻，写在生活的点点滴滴。

如下雪了，我让学生观察雪，写雪景；夏天太热，我就让学生写一段描写天气热的话，一个学生写道：盛夏的一个晚上天气又热又闷，空气像停止了流动，没有一丝风，小狗热得吐着舌头，尽管电扇呼呼吹得起劲，但也是无济于事，我还是热得汗流浃背；冬天写天气如何冷，学生这样形容：清晨，空气冻得凝固了，月亮冻得只露了半个脸，星星冻得直哆嗦，树木冻得直挺挺的，鸟儿冻得出不了窝，路旁水沟里的水冻得裹上了一层厚厚的白甲。

我组织学生捡树叶，常翔的《战树叶》把同学捡树叶有趣的场面写得生动具体。孩子高兴时我让他们写"那一次,我笑了",伤心激动时我让他们写"那一次,我流泪了"。

汶川地震后,我让学生写了一个系列:《给灾区小朋友的一封信》《特别的爱》《地震中美丽的瞬间》。

我又让学生以"语文是什么"这种句式写,后来学生在主题班会中就用到这样的句式:"文明是随手捡起一片纸屑,文明是关住流着的水龙头,文明是一句对不起,文明是……"学了就用这是最可贵的。

一次,我走进教室,发现同学们神色异常,有的捂着嘴,有的扭过头,有的怪怪地笑。我弄清原因:不知哪个班的捣蛋鬼把班里当成了卫生间。也就在这时,马静很麻利处理完了一切。我当即停下讲课,开始指导学生写这件事。事虽一样,但学生写得各有千秋,特别是抓住人物的动作,用心理描写把这件事表达得淋漓尽致。学生在写作中也受到了教育。这样的事例太多了。

俗话说,言为心声,文如其人。实践证明,在作

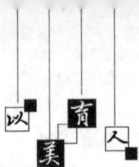

文教学中及时教育引导小学生学会发现和捕捉真善美的事物，在习作中抒发真善美的情感，对提高学生习作水平，培育学生审美情感，提升学生的美育素养，应该大有裨益。

语文教学中如何培养审美能力

"美"作为社会文明进步的象征，分为内在和外在，内又称心灵的窗口，外又称形象的标志，它是人类一直以来的不懈追求。

针对小学生而言，他们对美还没有具象的概念，美育强调引导，强调教师要引导小学生逐渐感受到"美"，并能够欣赏"美"，最终自己还能创造"美"。使学生完成爱美到动情、动情到明理、明理到行动的进步，进而促进学生美育和智力发展。

一、在品读语言文字中培养审美能力

小学语文课本中有一篇篇题材多样（如诗歌、童话、散文、剧本、小说）、内容丰富（或写人，或叙事，或写景……）的文章，这些精心挑选的文章，不仅能够帮助教师完成教学任务，还因为其优美的描写语言、刻画生动的场景、情感真实的表达等特点，很适合用来培养学生的审美能力。学生能够在阅读和学习中，感受作者描述的动人画面，感叹作者韵味十足的遣词。所以在这些文章的教学中，我们可通过引领学生认真品读语言文字，挖掘课文美育因素，激发学生的审美情趣，培养学生的审美能力，陶冶学生的思想情操。

如《鸟的天堂》一文中第一次经过鸟的天堂，作者写道："那么多的绿叶，一簇堆在另一簇上面，不留一点儿缝隙。那翠绿的颜色，明亮地照耀着我们的眼睛，似乎每一片绿叶上都有一个新的生命在颤动。这美丽的南国的树！"这段话语言优美，生动形象。教学中，我结合多媒体课件的演示，先让学生充分朗读，在读中理解内容，体会语言："堆"字传神地描绘了树叶一片挨着一片，层层叠叠、长势茂盛的景象；"明亮"一词形象地写出树叶的色彩鲜明富有光泽，充满了勃勃生机；"颤动"一词更是把静态的榕树描写得栩栩如生……从而感受榕树高大茂盛、生机勃勃的美。并以此为契机激发学生的朗读比赛兴趣。比赛中，我适当地进行点拨，引导学生入情入境地朗读，读出对"鸟的天堂"的喜爱和赞美之情，展现朗读之美。

又如《桂林山水》一文中，作者运用排比、比喻、拟人的修辞手法，先用三个"真"字，写出了漓江水的"静、清、绿"，突出了水的秀美；再用三个"真"字，写出了桂林山水的"奇、秀、险"，突出了山的奇美。为学生形象地描绘了一幅"舟行碧波上，人在画中游"的美丽画面。这些形象、生动的文字描述，既使学生感受到了语言文字运用的美，又使学生感受到了语言文字所描绘的画面的美，更使学生感受到了生活的美，从而使学生由景入情，步步深入，充分激发学生学习的主动性和创造性，增强他们的审美愉悦及审美情趣。

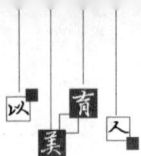

二、在感受文章意境中培养审美能力

爱因斯坦说过："想象力比知识更重要，它是知识进化的源泉。"因此，把语言文字中浓缩着的、凝练着的内容铺展开来，使课文在头脑中有声有色地活起来，从而产生美的感受，借有限的景看到无限的情。

比如在古诗文的教学中，教师就需要调动学生的联想力和审美想象力，引导学生在头脑中想象诗中所描绘的独特情景，使学生仿佛看到一幅幅内容丰富、纯朴而又富有生活气息的画面，在画面中领悟诗传达的意境和情感。

再如教《五彩池》一课，在读文后我启发学生想象"遍布山野、大小不一、形状各异"的五彩池；想象"如宝石、如菜碟、如葫芦、如镰刀、如盘子、如莲花……"的五彩池；想象池水"上层是咖啡色的，下层却成了柠檬黄；左半边是天蓝色的，右半边却成了橄榄绿"的神奇景象，让学生的思维驰骋于想象的自由王国，在脑海里形成一幅风景优美、神奇瑰丽的五彩池的美丽画卷。这些对文章内容的扩展想象，既加深了学生对课文内容的理解感悟，又发展了他们的审美能力。

三、在读写结合中培养审美能力

小学语文课本中的一篇篇精美的文章是学生学习文化知识的重要材料，也是学生学习习作的经典范例。这些教材都是教师应当好好利用的教学资源，可以要求学生学着续写，或者提炼原句优点和美感进行仿写。这种仿写训练可以强化学生对教材文章的理解，养成良好的阅读习惯。也就是"小片段成就好作文"。这样学生经过一系列的，扎实、有层次的专项训练，就会逐步增强综合写作能力，从而不断提高写作水平，在此基础上创造出有个性的美文。

又如四年级下册23课《寓言两则》课后的续写："想象南郭先生逃走后会怎样；学走路的燕国人爬回去后，人们会怎样议论他。选择其中一则续写故事。"《凡卡》课后的续写："当凡卡满怀希望地把信寄出去后，爷爷能收到吗？爷爷在乡下会怎样想念凡卡呢？

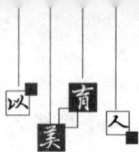

小凡卡后来的命运又会如何呢？"……教材中的每一篇续写都可让学生大胆去想象，续写出符合事情发展的、表达自己美好愿望的故事，这样既加深了对课文内容的理解，又激活了学生想象的火花，让学生更真诚、更自由地去表达和创造自己的思想之美、体验之美、心灵之美。

总之，在语文教学中教师要充分挖掘教材中的美育因素，引导学生在语言文字的理解感悟和运用中感受美、体味美、创造美。从而不断提高学生高尚的审美情趣和审美能力，激励他们在生活中去学习、去发现、去创造更多的美！

让教学智慧在育美课堂中绽放

美育的特点是以声音、颜色、线条、动作、表情等生动具体的美的形象寓教于乐，来感染学生，使他们在潜移默化中陶冶性情、滋养心灵，有寓教于乐、"润物细无声"的育人功效。

随着学校美育文化的深入推进，如何让美育走进课堂，积极构建育美高效课堂，成为我们每一位教师思考和实践的课题。下面是我在育美课堂实践中的一些浅显的认识和思考。

一、以美激趣，培养学生的审美情感

美育就是情感教育。教师要善于调动学生，进入到特定的情境中去，感受教材的内在美，与作品中的人物同呼吸共命运。优秀的作品总是能以情动人的，小学各学科教材无论是内容上还是形式上无处不充满着美育因素：语文学科中语言文字的美、人物品质的美、故事情节的美，数学学科中的数字美、图形美、规律美、符号美，英语学科中的情景美、插图美，科学学科中的自然美、科学奥秘美，体育学科中的形体美、运动美、美术、音乐学科中学生喜闻乐见的歌曲美、图画美、舞蹈美。

翻开任何一本教材，我们都会发现每一课的学习内容安排都图文并茂，使学习内容生动地呈现在学生面前，面对如此丰富多彩的教学材料，教师应努力发掘教材中的美育因素，积极采用科学合理的教学方法，充分展现教学内容美，运用美的教学形式和自身的业务素质美，让学生感受美好的学习乐趣，收获最佳学习效果。

美育不是一门能判断对错、打分的课程，因此学校开展美育应当把重点放在引导上，美育具有浪漫、自由、愉快等特点，审美是主观的，因此作为教师更要懂得对学生润物无声的教育比空洞的说教更有效。

那么，在教学中就要充分利用各种美的教学手段，创设学生喜欢的、易于接受的学习情景，让他们在学习知识中怡情养性。

比如，在教学诗歌《我站在祖国地图前》时，要使学生感受祖国土地辽阔、山河壮丽，并产生为祖国建设美好未来的愿望。表达对祖国的热爱之情，光靠教师的枯燥说教，学生是不会有激情的，教师就应该充分利用多媒体手段，创设美的情境，激发学生的学习兴趣，课前精挑细选一些祖国地域风光图片或视频，让学生直观形象地感受祖国的美，激起爱国情怀，才会情不自禁地为祖国描绘未来的美好蓝图。

在教学五年级课文《草虫的村落》时，对于城市中的孩子来说，草丛是陌生的，"虫子的村落"更是

陌生的，那么教师就要利用网络搜集一些真实的草丛的情景视频或图片，也可到郊外去拍摄一些虫子在草丛里活动的场景（这个环节也可以鼓励学生借助网络或依靠家人的帮助来完成），通过欣赏大自然中真实的美景，培养他们热爱大自然的情趣。

由此可见，教师在教学中要学会利用各种教学渠道和手段，提高课堂的趣味性，引导学生沉浸式地感受美，将美育渗透于课堂教学的每一个环节中，使课堂教学充满魅力和活力。

二、以美激情，唤醒学生的审美意象

教学不能拘泥于课本，要走进书本体会情感，走近书中人物与之沟通，走进编者作者的心灵与之产生共鸣，从而达到"教是为了不教"的目的。在教学四年级的写景文章《桂林山水》时，从"美"入手，引出话题，教会学生在阅读写景文章时既要体会桂林山水的美丽也要关注写景的方法，通过抓住关键句"我看见过……却从没看见过……"引导学生通过对比朗读感受作者运用衬托的手法写出漓江的水有一种独具特色的美、桂林的山是那么别具一格；然后引导学生找出文中的排比句、比喻句、拟人句反复诵读并自由发表自己的感受；在此基础上鼓励学生想象桂林的山石还会有哪些迷人的姿态。学生的感受各不相同，描绘出的山石之奇特的姿态更是丰富百变。课堂中的读、悟、表达真正体现了学生的想象力在美好事物的感召下是超乎寻常的。

总之，在课堂教学中教师要善于抓住教学内容中的美育因素，引导学生使之能够主动发现课本中的美育因素，在学习中大胆动起来，积极乐起来，兴趣盎然地参与到课堂学习中，做学习的主角，主动参与各种学习活动，在学习活动中感受美、运用美、创造美，从而体验成长的快乐，形成健全、完美的人格。

三、以美激思，张扬学生的审美个性

"问渠那得清如许，为有源头活水来。"是啊，教师的教和学生的学都应该是源源不断的活水。敢于

创新的教师才能培养出善于创新的学生，新时代需要创造美的人才，多了美好的创造，生活才会熠熠生辉。教学中教师要创造性地使用教材，学会整合课内外有用素材以丰富教学内容，吸引学生的眼球。

比如，在教学《两小儿辩日》这篇文言文时，考虑到学生的实际情况和兴趣所在，还因为文中包含着抽象的自然想象、文字式的陈述，学生也未必会明白，教师就大胆创新。首先把文言文改编成白话文，另外把"近大远小"这一视觉方面的错觉现象用课件演示，将科学实验与语文学习有效整合，为学生提供了美妙的学习感受。在教师的引导下，孩子们互相扮演文中的两小儿和孔子，不但演绎了课文内容，还演绎了自己对太阳"近大远小""早凉午热"这一自然现象的理解。

总之，让美育走进课堂，可以引领我们的教学很好地依托教材，充分挖掘教材中的美育因素，让学生充分感受书本知识带给他们的快乐和收获，在学习中感悟美的真谛，感受美的内涵，受到美的熏陶，引导儿童树立正确的人生观、价值观，具有美好个性和人性。

同时，也会促使教师创造性地使用教材，用智慧的双眼和大脑深入解读教材，在完全发挥它的知识性和工具性的基础上，更注重培养学生感受美、欣赏美、品味美、创造美的能力，引导学生发现自然美，认识人文美，体会人情美，欣赏艺术美，使他们在学习知识的同时怡情悦性，让他们在色彩斑斓的美的世界里采撷到一颗颗美的珠玑。

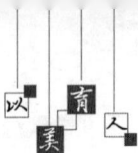

在数学教学中培育美感

数学是锻炼思维的体操，而美育则是培育学生审美情感，培养学生发现美、认识美、欣赏美和创造美的审美教育。随着新时代教育改革发展及学生德智体美劳全面发展的时代要求，学校重视学科美育，将美育渗透到数学学科教育中，是数学教师教育实践的新任务、新追求。

一、在数学教学中培育"抽象美"和"形象美"

美育是培养学生审美观念和审美情趣，铸造审美灵魂的长期工程。在数学课堂上不仅要让学生在学习活动中挖掘生活当中美的因素，培育形象美，而且还要让学生在数学学习当中发现美、探究美、创造美，培育抽象美，同时还要培养学生审美的意识和观念，从而激发学生学习数学的热情，从而实现学校"以美益智"的育美高效课堂目标。

二、在数学教学中感受和培育数学的"逻辑美"

发展学生的思维能力一直是数学教育的首要任务。小学生的思维特点是以形象思维为主逐步向抽象思维过渡，而且小学阶段只是抽象逻辑思维开始发展的初级阶段，这一阶段不可逾越。

这就决定了在教学中必须以大量生动可感的形象来发展学生的形象思维，从而达到对数学知识的深刻理解。如对减法的认识，开始的时候我们知道已知两个加数的和与其中一个加数，求另一个加数用减法，进而我们知道求一个数比另一个数多多少、少多少也用减法，求两个数相差多少同样用减法，求剩余仍然用减法。因此，美育可以促进学生的思维能力的发展，

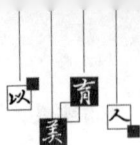

培养小学生逻辑推理和思维能力，培育逻辑美。

三、在数学教学中创设和培育"情境美"

在小学阶段，学生的知觉虽然有所发展，但发展水平十分有限。因此，有经验的老师常常利用数学美育资源和多媒体手段等，创设不同的数学美育情境，给学生较强烈、较新颖的数学形象感知，培养学生对数学情境美的认识和感知，培育学生的数感和美感。

例如，在教学轴对称图形时，让学生用纸折、剪轴对称图形这一练习，孩子们有的折出了漂亮的蝴蝶、蜻蜓、衣服，而有的同学却只折出了最简单的长方形。看到小伙伴们折出了漂亮图形，同学们受到了极大的启发，经过动脑思考，自己也折出了小飞机、房子等有趣的图形，真正地掌握了轴对称图形的要领，将数学中的美育因素在自己的小手中探究出来，真正意义上实现了数学与美的完美结合。

四、在数学教学中挖掘和利用教学"资源美"

美育是通过各种"美的事物"进行教育的，在数学教学中充分挖掘各类美育资源，不断丰富数学教育中所有"美的事物"，作为数学教学美育渗透的主要内容，可以培养学生数字美感和对数学的审美情感，提升小学生的美育素养。

注重"外在美"。无论是什么学科的教师，在进行教学时饱满热情的状态都能够感染学生，教学课堂的氛围，教师的板书、教学节奏、响亮标准的普通话等"美好事物"都能提升学生的学习兴趣，强化课堂教学效率。这些"美的体验"能够提高学生的审美，调动学生学习的积极性。

注重"内在美"，即我们平常所说的数学美。数学学科美育资源有很多，如数字美、对称美、平衡美、线段美、图表美等，教师要善于挖掘数学学科美育资源，培育学生数学审美能力，激发学生学习数学的兴趣。

实践证明，充分挖掘并教育引导学生感知数学学

科中"美的事物"，可以使学生理解数学、热爱数学。在教学中渗透美育概念，能够激发学生的学习兴趣，潜移默化地引导学生学会并掌握数学理论知识。对"数学美"的感知，可以帮助小学生形成朦胧的数学美感，为学生美育素养提升奠定基础。

五、在数学教育中运用和感受"原则美"

1. 形象性原则，是美育的最重要原则。就当前小学数学教学而言，形象性原则落实得还是相当好的。像数的组成和分解、倍的认识、乘法除法的意义等，对这些最基本的教学概念的认识和理解无不是从形象入手的。

2. 情景性原则，是美育的情感性原则在小学数学教育中的一种延伸。形象性原则虽然很重要，但是如果整个教学过程中只有"形象"却没有学生"情感"的参与，那它只能是一种理性的认识而已，绝非美育。而美育要求我们不仅要有"形象"更要有"情感"。"形象"的数学知识再用"情感"的外衣装扮一下，情形就大不相同了。

3. 自由性原则，小学教学应当注重培养学生的想象力，让他们在知识的海洋中自由驰骋。但不同内容之间的自由度应当有所差别。比如说，定理、概念和公式都会在一定程度上限制学生的自由。另外小学生的思考和想象往往带有盲目性和随意性，不加以引导的"自由"想象往往会变成"胡思乱想"。因此，这条原则并不是说要绝对自由，而是要相对自由。运用在课堂上就是鼓励学生多发言、多回答问题，教师注意引导学生逐渐深入理解，不能挑剔甚至嘲讽学生，要保障一个良好、包容的学习氛围。

美育是落实党的教育方针的重要内容。在小学数学学科中充分挖掘美育资源，渗透美育，培养小学生审美能力，培育学生审美情感，是数学老师长期和重要的教育目标任务，我们责无旁贷，积极践行，乐此不疲。

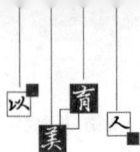

花样跳绳中如何渗透美育

花样跳绳这项运动有诸多的优点，被美誉为"最完美的体育运动"。花样跳绳魅力大，它不但能提高身体素质，更能有效地训练人的敏捷反应能力、协调能力、合作能力，锻炼耐力，开发智力，提高整体素质。

因此，在学校体育教学中开发花样跳绳项目，更能体现学校美育特色创建中"以美健体"的审美要求，有利于学生美育素养的提升。

一、在花样跳绳活动中，教育学生追求美

1. 培育孩子健美的身材，让孩子感受运动的美

孩子正是身体发育的良好阶段，鼓励孩子运动，

让孩子学会欣赏协调优美的运动姿势、健美强壮的体格，让孩子养成良好的审美，提高他的审美意识。

有了审美的标准，才会有追求的意识，在追求的过程中去感受去体会美。对于正处在身体发育阶段的学生来说，怎样才能唤起他们的审美意识呢？

在适合小学生教学的诸多运动中我们选择了跳绳。跳绳是一项需要身体协调配合的运动，与短跑、打篮球、踢足球等运动相比，跳绳的运动强度较小，安全性更高，更适合小学生集体教学。跳绳不仅可以单人进行，也可以多人合作。因此不仅可以锻炼学生个人身体素质，还能提高学生的团队配合意识，培养他们密切协作的精神。

此外，跳绳时，人体对氧气和营养物质的需要量增大，学生可以以此来促进其心脏收缩功能，加快血液循环，提高输出量，以保证机体活动的需要。跳绳运动动作简单，锻炼效果明显，很受学生们的青睐。

在引导学生锻炼的同时，科学地加大跳绳的难度，以便激发学生的锻炼兴趣。低中年级以短绳为主，两

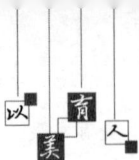

年时间除完成基本的单摇和双摇外，还要掌握编花跳和双人多人跳。

在师生共同的努力下，学生掌握了近十种花样跳法，在跳绳的过程中，学生不仅得到了身体上的锻炼，精神上也更加坚韧了，在一次又一次的挥动手腕中，在一次又一次的挥洒汗水中，他们变得越来越坚毅。值得欣喜的是在国家体质健康标准的测试中，跳绳达标项目成绩优异。

2. 发展学生智育，培养学生的行为美

跳绳能提高学生记忆能力。在跳绳过程中，学生要边跳边记自己的跳绳数量，可以在运动中锻炼自己的记忆能力。特别是这样"动静"结合，学生更不容易懈怠，积极性更高，这样，学生的记忆能力就会不断得到提高。

花样跳绳能培养学生的节奏平衡。跳绳活动真所谓"左右开弓，上下齐动"。它能有效促进左半脑和右半脑平衡、协调发展，还可培养孩子具有规律性的节奏感，能形成学生的方位知觉。

跳绳不只局限在单人进行，同时也可以采用双人或者多人的形式进行，能够培养学生的团结意识，形成较好的组织纪律性和集体观念。

在指导学生跳绳的过程中，教师用自己的实际行动去感染学生。优美的示范，亲切的语言，耐心的帮助，能够让学生在这个平等和谐的气氛中，去感受运动的美。

花式跳绳，最能培养学生良好的行为习惯。学生们面对困难能够互相激励，面对比赛能够力争上游，面对失误能够互相谅解找出原因共同进步。生生之间、师生之间的关系更加和谐了。

二、在花样跳绳过程中鼓励学生创造美

美不仅仅体现在外表与心灵，它还体现在如何去创造。在花样跳绳的教学中，学生们用自己的实际行动创造美。

1. 在跳绳活动中，培养学生协作美

未来的社会是一个全方位合作的社会，一个人想

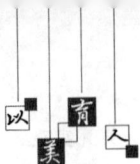

要融入这个社会就必须学会合作。因此合作学习也是现在教育领域都在强调的重要观点，也是教师教学需要明确的目标。

在开展花样跳绳活动的过程中，学生的合作意识在逐渐提高。集体跳是一项需要长期坚持的运动项目，在"8"字跳法的基础上，跳出花样、跳出风格。

在不断的练习中，学生掌握的花样越来越多。比如：学生跳的"齐心协力"，就要求摇绳的学生必须动作一致。因为几十根绳要聚到一点，这样才能够保证跳绳的人顺利完成跳绳任务。密切的配合，集体的合作，是成功的保证。学生深知这一点的重要性。

因此在练习过程中，学生们都很努力，能够互相帮助，相互鼓励，处处体现着协作。在练习过程中班级的凝聚力增强了，孩子们集体荣誉感增强了。

2. 在花样跳绳活动中，培养学生创新能力

创新是一个社会发展的主要动力，培养学生的创新能力是教师义不容辞的责任。自开展花样跳绳以来，

大力倡导和鼓励学生发挥他们的想象力自主编排花样。

学生每创造出一个花样都会给它起上一个形象动听的名字。比如：你来我往（一个人接一个人跳）、二龙出水（两个人一组，一组一组地过）、三阳开泰、四季平安、五福临门等，学生们不但创编了花样，而且积累了词汇。

在探索的过程中，学生们经过自己的反复试验，能够给老师提出合理的见解。在进行较难动作练习的时候，学生们能够帮助老师出谋划策。比如：在进行短绳的练习时，孩子们就用自己的方法，在跳双摇的一瞬间发出信号，摇绳者迅速配合，这样成功的机会大大增加了。

学生们在练习的过程中不断地进行着创新，他们不但创造出了更多的花样，而且每个花样让人看起来都感到特别舒服。

三、在花样跳绳活动中引导学生展现美

俗话说，只有美的东西才有其生命力和独一无二

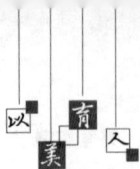

的价值。体育运动必须创造美并为美提供机会。学校的花样跳绳展示在力求让学生丰富大课间活动内容的同时，让学生更多地感受到美的氛围，受到美的教育和熏陶。

1. 社会实践活动时间展示花样跳绳

学校利用每周三的社会实践活动时间，展示花样跳绳。花样跳绳种类很多，为了把美的跳法更好地展示，我们选择在社会实践活动时间集中训练展示并逐步向大课间和其他活动时间推广，有机结合阳光大课间活动以点带面扩大辐射范围，使更多的学生加入到花样跳绳的运动当中来！

2. 利用微视频等自媒体平台展示花样跳绳

在活动当中利用微信和 QQ 等平台，将学生的花样跳绳录制成小视频分享和发送至媒体，让更多的人了解和欣赏我校开展的这项活动，从而使家长和社会更好地认识了解这项活动，让美的运动无限传播和成长！

实践证明，跳绳是一项需要协调性的运动，特别是花样跳绳，很有美感。选择跳绳对小学生进行美育，不仅可以帮助他们掌握跳绳的基础知识、基本技能技术，促进学生塑造健美形体，还能将美育渗透在花样跳绳过程中，提高学生感受美、鉴赏美的能力，促进学生创造美，形成优良的思想品质。

以美育人

美育文化拓展图

　　新时代、新挑战、新机遇。裕民小学美育特色文化创建要在习近平新时代中国特色社会主义思想和党的教育方针指引下，认真落实《国家中长期教育改革和发展规划纲要》及全国、全区教育大会精神，把美育特色文化创建作为学校党组织发挥文化领导作用的切入点，不断深化，全面融入，推动学校教育规范发展、和谐发展、内涵发展，促进学校党建及教育教学各项工作不断实现新拓展，取得新突破。

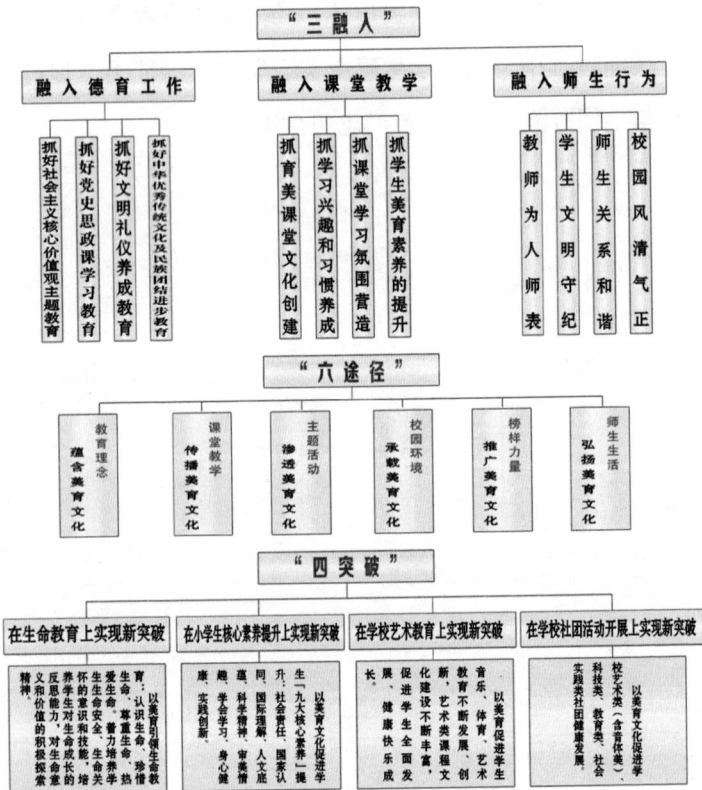

"三融入"

融入德育工作
- 抓好社会主义核心价值观主题教育
- 抓好党史思政课学习教育
- 抓好文明礼仪养成教育
- 抓好中华优秀传统文化及民族团结进步教育

融入课堂教学
- 抓育美课堂文化创建
- 抓学习兴趣和习惯养成
- 抓课堂学习氛围营造
- 抓学生美育素养的提升

融入师生行为
- 教师为人师表
- 学生文明守纪
- 师生关系和谐
- 校园风清气正

"六途径"

- 教育理念　蕴含美育文化
- 课堂教学　传播美育文化
- 主题活动　渗透美育文化
- 校园环境　承载美育文化
- 榜样力量　推广美育文化
- 师生生活　弘扬美育文化

"四突破"

在生命教育上实现新突破
精神反思价值的积极探索，对生命成长的关注，对生命价值的呵护、对生命安全的珍视，努力培养学生的生命意识，开展生命教育：认识生命、尊重生命、珍惜生命、敬畏生命、热爱生命。

在小学生核心素养提升上实现新突破
以美育创新促进学生"九大核心素养"提升，同国际理解、国家认同、人文底蕴、科学精神、审美情趣、学会学习、身心健康。

在学校艺术教育上实现新突破
以美育促进学生音乐、体育、艺术教育不断发展，创新，艺术类课程文化建设不断丰富发展，促进学生全面发展、健康快乐成长。

在学校社团活动开展上实现新突破
以美育文化促进学校艺术类（含音体美）、科技类、教育类、社会实践类社团健康发展。

科学教师如何落实美育

美育是学生全面发展的要素之一，是教育进步的标志，是推进学校文化、发展社会文化的一个根本因素。我校结合美育文化创建，提出"以美立德、以美益智、以美健体、以美促劳"的办学理念，将美的教育渗透在学校工作的方方面面，渗透在各学科中。

科学教师要做美的传播者，就要在教学中抓实科学探究，引领学生观察自然发现美，感受自然鉴赏美，珍爱自然创造美，以此激发学生进行科学探究的积极性，促进学生创造性思维能力的发展，增进学生的身心健康，形成敢于创新的科学态度和情感。这样既能

促进美育，也能促进学生科学素养的提升。

一、细致观察，引导学生发现自然美

科学发现的基础是观察，因此孩子们在科学学习过程中离不开观察。科学教学内容十分丰富，遍布学生学习生活的方方面面，课堂安排也比较有趣，能够更多地吸引学生学习注意力，深受学生的喜爱。

例如，针对《校园里的大树》《植物的叶》《蚂蚁》《蚯蚓》等教学内容，我在教学中，让学生带着问题走出教室，去欣赏树的蓬勃，叶的迷人，小动物的可爱；或借助多媒体手段，引导学生有目的、有计划、有重点地观察，指导学生去发现、去寻找，鼓励学生去积极主动发现大自然的纯美，热爱与我们息息相关的大自然。

二、创设美的情景，引导学生感受美鉴赏美

作为一名科学教师，要把美育目标体现在教育教学过程中，就要把学生引入美的情景。我在课堂教学中，

经常采取适合小学生年龄特点的学习方式，给学生创设自由学习的机会，有角色扮演、模拟活动、科学游戏、创意活动等。

同学们用自己的身体动作和教具，表现一种动物、植物等；假设一种生活中的情景，让学生模仿其中的事物或活动。从而使学生感知自然事物的形态，促进他们更深入地认识问题，启发他们积极思考，在"玩"中学科学，在操作中体验学习，发现自然事物的美。

在教学《各种各样的叶》一课中，我在课前布置学生采集不同植物的叶。在课堂上我带领他们到校园去观赏秋天的树木，感受多彩的季节，生命的周而复始，同时引导他们爱护树木，珍爱生命。

我和同学们一起拿出五彩缤纷的树叶，有火红的爬山虎叶，细长的柳叶，扇形的银杏叶，刺状的松叶……拼贴叶画，观察感受树叶的色彩美和形状美，在分小组观察树叶的形状、颜色后，一些同学在角色扮演的游戏中做自我介绍："我是柳叶，细长翠绿，人们常常用我来描述美女，弯弯的柳叶眉……"这个学习过

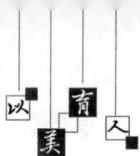

程突出了学生是学习的主体，并发展了他们的创造性思维。

三、规范实验程序，引导学生感受探究之美

实验是一种有控制的科学观察，是科学观察的一种比较高级的形式。实验本身是十分有趣的，因此很多学生都爱上实验课，但这并不代表他们会做实验。特别是班额大的班级，往往存在实验课堂秩序混乱，学生打闹哄笑现象较多的问题。这种情况下教学收获往往不大，做实验的过程对学生而言只是一种玩闹，并不能有所收获，也很难对学生的学习习惯产生积极影响，甚至可能造成动摇学生养成正确探究行为的后果。

而且部分实验课程本身的技能训练中，存在一定的危险性，教师需要教导学生正确、规范地操作实验器具，比如：点燃或熄灭酒精灯、加热物体等。这些简单行为需要学生标准操作，否则会造成一定的安全问题。学生只有规范、有序地进行实验，才会发现许多神奇的实验现象之美，挖掘出现象之后的科学本质，

由现象之美拓展到对科学之美的认识。

四、开展科技创新，引导学生感受创造之美

科学创新制作活动是与科学课堂直接有关的活动之一，它与课堂教学相辅相成，互为补充。不仅能帮助学生将课堂所学学以致用，更能通过动手、动脑，有效地促进制作，使作品更科学、更精美。因此，我们开展科学校本课以及一些课外活动来激发学生学科学、用科学的兴趣，促进学生科学创造力的发展。使学生体会到创新制作是一门艺术，是科学与技术的完美结合。

1. 学生读科普书

通过开展读科普书活动，全力提高学生科学素养。每天下午课前 20 分钟，是全校学生读书时间，学校营造了良好的读书氛围。全校同学在这一时段大量阅读，同学们对科普读物尤其感兴趣。通过读书活动同学们增长了知识，获得美的熏陶、精神的愉悦，提升了科学素养和个人魅力。

2. 开设科技专栏

在学校北教学楼一楼，学校以科技壁挂为内容，向学生展示一定的科普知识，同时学校大门口走廊开设"科普画"专栏，通过这些专栏向学生介绍科学家、科学发明的故事。通过科普画的形式激发同学们丰富的想象，使学生感受到美在校园无处不在。

3. 开展科普教育活动

我们充分利用校园网、多媒体等形式进行科普宣传，让学生及时获取科技新知识，感受科技的重要性。促进全体学生科学素质的提高。积极邀请校外专家及各类辅导员到校进行科普知识讲座。通过丰富多彩的科普活动让学生感受科普的魅力，感受科技给人类带来的诸多便利。

4. 开展科技竞赛活动

开展科技小报制作、科技小制作、科技创新发明等活动，丰富学生的科普生活，让学生在活动中感受科普教育给他们带来的乐趣。活动中涌现出一批"小科学家",在学校里形成了热爱科学的良好风气。

在这一系列科技创新活动中,学生动手完成的小制作、小发明,寓智慧于制作中,寓美于制作中,这是一种认识美、创造美的过程,能以美启智,增强学生的智力,以美怡情,增进学生的身心健康,同时让学生的创造力得以提升。学生在创作过程中懂得如何创造美的生活、美的世界。通过美育发展审美创造力,同时也促进着科学创造力的发展。

总之,科学教师要做好美的传播者,方法和途径是多方面的,只要我们在科学教育教学中做有心人,多动脑,多渗透,一定会使学生充分感受科学之美,促进学生的全面发展。

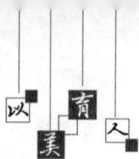

小学唱歌教学中的美育实践

随着社会对人的美育素养的重视，在小学音乐课堂中强化美育教育是时代和社会发展的迫切需要。音乐是进行美育教育的重要手段之一，音乐教育的本质是审美教育，培养学生的审美修养和审美情趣。

通过形式多样的音乐课堂教学，使学生感受歌唱的美、按节奏读词的美、用器乐识谱吹奏的美、表演的美、演唱的美……从而陶冶学生的审美情操，促进小学生健康快乐地成长。

一、培养学生的音乐感受力

培养学生的音乐感受力，可以通过音乐教室的布置、教学氛围的营造、教师个人素质的提升等方面进行。然后组织唱歌教学，以学生的所好调动其兴趣，培养学生的音乐感受力。

一是诱导学生找准发声部位，从模拟小动物叫声抓起。任何一首歌曲都是通过动听、美妙的声音表现出来的。这也是童声歌唱训练应着力于"头声发声法"练习的原因。在训练中，首先，让学生学小狗的叫声"汪、汪、汪"，布谷鸟的叫声"布谷、布谷、布谷"，声音很轻，又非常形象、生动。在此基础上，让学生把"汪、布谷"唱出来，同时可换其他的内容学习。

二是从欣赏儿童歌曲入手。例如，在歌唱《火车开了》这首歌时，同学们唱到"咔嚓、咔嚓、咔嚓，火车开来了"这个时候，声音往往放大，这时教师要引导学生用优美的音色表现火车开了的声音，让他们感觉火车启动的声音也是一种美的声音。美的音乐，

不要用嗓音感觉，听时放大音量让他们欣赏，感觉歌唱的情境，歌唱的音色。

二、在唱歌中感受器乐美

在器乐教学中我选择竖笛教学，竖笛是吹奏乐器，对提高学生的视唱水平有着重要作用。如教学《洋娃娃和小熊跳舞》，我先让个别学生吹奏，然后给全体教吹，使学生掌握正确的音高，再来唱谱，学生学唱歌谱就会得心应手。学生能从吹到唱有一种自豪感、美感，为学唱歌曲打下了基础。学生增加了学习的欲望，自己的个性得到了展现，脸上美滋滋的，很幸福！

三、在读词中感受节奏美

按节奏读词，能加强学生对歌曲的理解，同时进一步了解歌曲的产生及其风格，对歌词的记忆也有一定帮助。带学生按歌词演唱的节奏朗读歌词，一方面可以熟悉歌曲的节奏，化解歌曲演唱时的节奏难点，让学生能更快地学会唱；另一方面，可以将歌曲演唱时要强调的重音、强拍和力度在此处进行渗透，也为学生唱好这首歌曲做好准备。

如教学《咏鹅》时歌曲中出现两种不同节奏的古诗。针对歌曲中两段歌词相同、节奏不同这一演唱难点，通过按节奏诵读歌词，从情绪与表现入手，帮助学生及早地予以区分，从而避免学唱歌曲后再来纠错的现象。同时，也充分利用了古诗这一素材，进一步培养孩子的节奏感。

第一种：

$\frac{2}{4}$ X X ｜ X O ｜ X X X X ｜ X — ｜ X X ｜ X X X ｜ X X X X ｜ X — ‖

鹅鹅 ｜ 鹅 0 ｜ 曲项 向天 ｜ 歌 — ｜ 白毛 ｜ 浮绿 水 ｜ 红掌 拨清 ｜ 波 — ‖

第二种：

$\frac{2}{4}$ X X ｜ X X X ｜ X X ｜ X — ｜ X X ｜ X X X ｜ X X X X ｜ X — ‖

鹅鹅 ｜ 鹅 曲项 ｜ 向天 ｜ 歌 — ｜ 白毛 ｜ 浮绿 水 ｜ 红

掌 拨清｜波— ‖

掌握基本节奏后，引导学生思考用不同的节奏诵读带来的不同感受，比如是感受到温和平静，还是稍激动活泼等。并尝试用不同的语气、声调、人员分配等表现这两种节奏。

四、在演唱中展示歌曲美

中小学音乐教学的常见教学手段就是引导学生演唱歌曲，往往采用大合唱的方式，让所有学生参与其中。小学低年级的孩子，既要给他们具体的引导，又要让孩子们自由发挥想象力和创造力，要鼓励支持孩子们的不同做法。每一个环节怎么进行，由谁进行要交代清楚，让孩子做简单的练习。

在每一课学习时，歌曲的学习重点是"唱好"歌曲，教学中应重点指导学生唱好歌曲，用好的声音、恰当的情感表现歌曲，还可采用多种形式演唱歌曲，丰富体验，提高表现演唱技能。

所以，在"歌曲表现"环节，设计了指导学生唱好歌曲、用打击乐器为歌曲伴奏、领唱与齐唱表现歌曲、配简易合唱表现歌曲等多个教学环节，以达成歌曲学习的主要学习目标。

　　总之，音乐教学要突出学生发展本位，有意识地将培养和提高学生音乐素养放在中心位置，将音乐教学过程变为音乐艺术的实践过程和体验、发现、表现和享受音乐美的过程，着力增进学生音乐审美感知能力，让学生在一种自然、放松、和谐、平等交流的状态下亲历音乐的学习，感受音乐美的熏陶。

小学科学教学如何体现"严谨美"

"美能激智，美能冶情，美能育德。"在小学科学教学过程中，在组织教学、设计教学实验、准备实验材料、教师课堂用语的表述以及科学概念、实验结果与结论的归纳总结等方面要注意严谨性，应时时处处体现科学教学过程的"严谨美"。

鼓励学生发现美、体验美、创造美，为培养具有创新精神及可持续发展的人才打下坚实的基础。

一、认真准备课堂实验材料，体现实验的"严谨美"

小学科学课中有许多内容要通过实验来进行验证，

作为科学教师在课前要认真备好课，了解熟悉当堂课上要做的实验所需要的实验材料，早做准备，以便做到有的放矢。同时可以加强与学生的互动，一些生活中能获取的实验器材，可以发动学生自己准备，而教师负责在课前确认学生准备的实验器材，并帮他们补充完整，这样能够提高学生实验的参与度，也可以拉近学习和生活的距离，提高学生学习兴趣。

二、注重进行科学实验设计，体现设计的"严谨美"

教师在进行科学实验的设计和准备时，不仅要严谨准备实验材料，还要做到课堂上实际实验过程中的实验材料要与设计的相配套，这样才会使课堂更有说服力。

同时，实验设计不能脱离学生的实际生活，只有密切联系学生的生活实际，课堂上学生才能对老师所设计的实验感兴趣。

比如，在学习教科版小学科学三年级上册第三单

元"我们周围的材料"中的第五课《材料在水中的沉浮》
一课时，课堂上所用到的实验材料可以让学生自行准
备：小木块、塑料瓶盖、小铁钉、回形针、小纸片等
生活中的常见物。在实验材料准备的这个环节，学生
都可以参与，他们可以自己动手把实验材料按要求放
入水中来判断各种物品在水中的沉浮情况。

这样做既锻炼培养了学生的实践动手能力，又密
切贴近学生的实际生活，从而将实验设计与课前准备
的实验材料配套，对实验进行了有效的控制，使课堂
教学实验科学严谨，有效体现了科学实验设计的"严
谨美"。

三、用心梳理教师课堂用语，体现语言的"严
谨美"

小学科学课有许多的内容可以用来培养学生对科
学的兴趣和求知欲，可以激发他们的审美欲望，在平
时的教学中教师要抓住有关学习内容或有利时机，教
师一味地"教"是不对的，应当选择恰当的时机留给

学生自己思考的时间，鼓励他们互相讨论，这样能够激发学生学习的积极性。

如在学习教科版小学科学三年级上册第三单元"我们周围的材料"中的第五课《材料在水中的沉浮》时，教师引导学生在做实验的过程中，思考如何将材料放入水中，应该说："请同学们仔细观察老师怎样把物品轻放到水中央。"

教师注意了课堂语言的严谨性，让学生认真观察教师演示实验的具体过程，为后面学生自己动手进行实验打好基础。在学习教科版小学科学四年级上册第四单元"我们的身体"的第一课《身体的结构》时，在学习"观察身体的外形"这一部分内容，了解身体外形有什么特征时，教师应这样对学生说："仔细观察，如果从头顶开始，通过鼻尖画一条线，把人的身体分为左右两部分，你们发现了什么？"

教师的课堂语言严谨、言简意赅，并且指令清晰，便于学生仔细观察认真思考，能够比较容易地发现"人的身体是左右对称的"这一特征的。

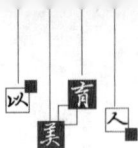

四、合理利用多媒体辅助教学，体现课件的"严谨美"

我校每个教室都配备有多媒体教学电子白板，教师在进行教学方案设计时，就应当合理利用多媒体配件，设计更加有趣、更能激发学生学习兴趣的教案。同时视听结合的课堂也会更加生动，能够在潜移默化中引导学生，提高学生的审美意识。

另外，多媒体配件的使用也能在一定程度上保障教学的严谨性。比如，在学习一些科学知识内容时，在学生动手进行实验之前，教师能够先利用多媒体课件对实验进行展示。

比如，在学习教科版小学科学四年级下册第三单元"食物"第五课《面包发霉了》时，教师借助多媒体技术用形象直观的画面向学生展示面包发霉的全过程，让学生真正了解面包发霉与哪些因素有关，懂得在实际生活中应该怎样存放面包。

这样更能让学生牢固掌握知识点，使实验更加具有严谨性。在一定程度上也能锻炼学生的想象力与创新能力，使实验更具科学性与严谨性，能有效体现科学实验课件呈现的"严谨美"。

五、强化学生注重事实意识，体现概括的"严谨美"

科学性是科学课堂教学的重要原则之一，因而决定了教师在组织学生进行完实验后对重要的科学概念或规律的阐述，一定要强化学生的意识，从实际出发，多进行研究与探究，从多个事实进行科学概念或规律的概括，教师要吃透教材，在课堂教学语言的科学性上下功夫。

教师用语要正确，表达要确切、简练。比如，在学习小学科学五年级《热》有关金属的热胀冷缩内容时，教师在课堂上组织学生观察过两三种金属的热胀冷缩现象后，可以向学生提出"金属都热胀冷缩吗？"的问题。教师不是简单地做出结论，而是组织学生进行金属热胀冷缩的讨论，让学生意识到，从个别到一

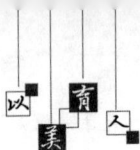

般的概括需要大量事实依据，要看到事物的特殊性。

　　要注意科学探究中严谨的科学态度，仅仅依靠一两个事实就进行完全概括是不严谨、不科学的。引导学生关注更多其他金属物体的"热胀冷缩"现象，之后师生一起对金属的热胀冷缩的性质进行概括，即"钢和铜有热胀冷缩的性质……许多物体都有热胀冷缩的性质"。这样概括出来的结论就比较严谨，同时也为学生课后进一步探究留出了空间。

在科学教学中渗透美育

《科学课程标准》的课程目标提出：通过科学课程的学习，学会欣赏自然，珍爱生命，初步形成人与自然和谐相处的意识。小学科学教学中培养学生的创新素质，可从审美意识、审美情趣和审美实践三方面突出审美教育的价值，在教学过程中引导学生观察自然发现美，感受自然鉴赏美，珍爱自然创造美。

通过科学实践活动使学生产生审美体验，逐步形成科学的审美意识和社会责任感。体现科学学科与艺术、语文等学科的整合，通过综合性知识促进小学生创造性思维能力的发展，培养具有创新精神及可持续

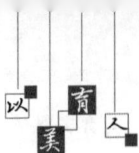

发展的人才。因此，科学课教学中渗透美育得天独厚。

一、科学实践丰富学生审美体验

科学教师与班主任借助家庭教育活动携手组织了丰富多彩的科学实践活动，引导学生走出教室，走进大自然，去感受生命世界的丰富多彩，以一种亲和的态度去对待自然，保护自然。教学中，在课堂上运用白板形象直观地展示自然风光的图片，学生学会欣赏自然界的美，在潜移默化中学生形成了审美情趣，提高了审美能力，在他们幼小的心灵里播下了美的种子。

二、科技制作激发学生审美创造

在科学教学中渗透美育思想，极大地促进了学生创造性思维能力的发展，增强了科技创新意识。我们以科技制作活动为载体，通过综合实践活动让学生动手去做，来促进学生创造性思维的发展，提高创新意识与实践能力。

我校每年都开展"校园科技节""我爱发明"等

活动，参加市级、自治区级、国家级各类科技活动大赛，涌现出了一批"小科学家"，学校里形成了热爱科学的良好风气，促进了学生创造性思维的发展，他们在学习过程中懂得了如何创造美的生活、美的世界。同学们十分关注科技动态、关注现实生活中的实际问题，能够主动解决发现的问题，增强了创新精神和动手实践能力。

美育发展着审美创造力，同时也促进着科学创造力的发展。通过在科学教育中进行育美教育研究，促进了学生创造性思维能力的发展，使同学们身心和谐、健康地发展，综合素质得到提高。《科学》教材的每一个单元引导页都是图文并茂，每一幅美丽的画面都配着几句充满天真浪漫色彩的美丽语言。如四年级下册第二单元"新的生命"这一单元的引导页中，第一段："春天，开花植物以百花盛开的形式开始了创造新生命的历程。"用简短的语言对本单元要学习的内容进行了描述。第二段："春天，动物们也在忙着筑巢垒窝，迎接新生命的诞生。那些可爱的小动物是怎样来到这

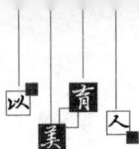

个世界上的？动物们用哪些方式繁殖出新的生命？"在欣赏这美丽语言的同时，我适时出示课件，学生的探究兴趣被激发出来，整个课堂的探究气氛被调动起来了。

三、科学实验培养学生审美情感

科学实验过程之中感受到的实验之奇特、设计之美妙，以及由此引发的学生参与实验探究的欲望，对学生审美情感培养非常有利。科学探究之美最主要的方式是实验，实验设计不单单是设计实验的步骤，还应该包括表格的设计、意图的体现等很多方面。

实验步骤的层次是否分明、结构是否紧密，实验表格的样式是否美观、内容是否合理，实验的意图是否明确、是否有创新性等，都蕴含着美育因素。如给热水降温，我们通常将实验数据以两行表格进行记录，分别记录时间和对应的温度。虽然也能反映实验的结果，但是我们其实可以将表格改成曲线图，纵轴表示温度，横轴表示时间，以曲线表示热水降温的规律。

学生通过感受曲线的美，真切直观地感受科学实验所蕴含的美。

美育是学生全面发展的要素之一，是教育进步的标志，是推进学校文化、发展社会文化的一个根本因素。因此，不断在科学课堂教学中发现育美因素，挖掘出教材中隐性的育美因素，在传授科学知识、技能的同时，帮助学生树立正确的审美观，提高学生个体的审美能力，使学生的世界观、人生观，情感和心智受到美的熏陶，从而以饱满的情绪走进科学，使科学课教学更显生气勃勃，充满活力。

美育案例

MEI YU AN LI

小学美育文化促育美课堂实践

近年来，吴忠市裕民小学基于学生全面发展的素质教育新要求，把美育文化作为学校发展特色项目，已经成为远近闻名的"美育特色"学校。为了进一步夯实学校美育文化基础，促使美育文化落地生根，学校围绕"以美立德、以美益智、以美健体、以美促劳"美育文化创建要求，把课堂作为落实美育文化的主渠道和主阵地，提出了构建育美高效课堂的新目标，不断在课堂教学中发现美育因素，挖掘美育资源，融入美育教育，确定了学科教学的美育目标和评价标准，使美育文化创建与育美高效课堂深度融合、相得益彰，

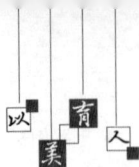

从而使师生在育美课堂这个特定的育美情境和氛围中，通过丰富多彩的教育教学活动，发现美、感受美，进而学会鉴赏美、表现美和创造美，不断提升师生的审美素养，促进学生的全面健康成长。

一、实践过程

创建阶段：2012—2013 年，学校领导班子提出了创建"美育特色学校"的发展理念，确立了"立美育人，奠基幸福人生"的办学理念，通过听取多方意见，在市教育局领导、市教研室的大力支持协助下，科学严谨地确定了美育特色文化实施策略：以美立德——培养优秀道德品质；以美益智——提升学生学习品质；以美健体——促进"健"与"美"的和谐统一；以美促劳——做中学，学中做，鉴赏美，创造美。同时，把课堂教学作为主阵地，确定了"美育文化促育美高效课堂"研究课题，美育文化、育美高效课堂同步协调推进、相互促进、相得益彰。为了确保美育文化创建促育美课堂研究科学、规范，学校积极申请与上海华东师范大学教授夏志芳、胡志凡教授建立为期三年的指导合作协议，确立了"吴忠市裕民小学和华东师大课程与教学系开展学术交流、项目合作、课题研究"的合作项目，同时积极与市教研室各学科教研员密切协作，丰富和壮大了学校美育文化促育美高效课堂研究的专业引领队伍。

发展阶段：2014—2016 年，重点强化教师的学科美育意识，在学科教育教学中自觉发现美、鉴赏美、创设及创造美，充分发现、挖掘课堂及学科教材中的美育资源，在教育教学中有效融入美育因素，在丰富多彩的文体、艺术活动中展现语言美、环境美、设计美、形体美等美的形态和艺术，从小培养小学生美的情感，唤醒学生美感意识，对小学生进行发现美、鉴赏美等审美教育，提高小学生的审美能力，使学生从小形成正确的审美观念和健康的审美情趣，达到陶冶情操、净化心灵、塑造人格、自觉践行社会主义核心价值观的目的。在具体的课题研究实践中，学校积极参加吴忠市教育系统开展的"一校一品一特色"活动，把课

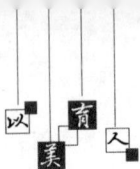

题研究与该活动有机结合,把一些传统艺术引入美术、音乐、体育、科学等学科教学中,引导教师尝试进行课程资源的有效整合,做到了竖笛、管口琴、剪纸、沙瓶画进课堂。此外,确立"综合实践技能活动日",充分发挥学科教师的特长,要求人人根据自己的爱好特长及学生的需要,开发实施至少一项综合实践活动,形成特色教育团队,做到了"学校有特色,班级有特点,教师有专长,学生有特长",积极编印、落实学校美育教育系列校本教材,使学校美育文化促育美课堂实践研究务实开展、有序推进。2015年10月学校被吴忠市教育局评为"美育特色学校"。

拓展提升阶段:2017年至今,学校在编制《裕民小学新三年发展规划》时,把"美育文化特色学校"作为发展目标,提出了新要求,确定了新高度,尤其突出了美育文化实施的课堂主渠道作用,把"美育文化促育美高效课堂研究"作为拓展、延伸项目,与美育文化特色项目同安排、同部署,长期坚持,全力打造。为此,学校在获得吴忠市级"美育文化特色学校"

称号的基础上，进一步提出了更高目标：在专家引领、名师骨干教师的带动下，进一步通过美育文化促育美高效课堂研究，为美育文化特色学校的发展把脉、定位，不断提升学校美育文化创建的质量，促进学校内涵发展、规范发展、科学发展、和谐发展。本年度，学校把珍爱生命教育作为美育教育的新拓展，申报承担了自治区教育工委重点课题"小学生命教育实践研究"，同时承担了"大班额环境下小学数学高年级自主学习有效策略的实践与研究"等自治区级教研课题，围绕美育文化促育美高效课堂研究，确定了多个校级课题："小学语文学科教学与美育资源整合的实践研究""小学数学高年级练习设计的实效性研究""小学阅读教学中如何有效渗透美育"等，在全校形成了浓厚的研究氛围，增强了教师在教育教学中融入美育、实施美育的意识，为学校美育文化特色学校的持续健康发展提供了有力的智力支撑。

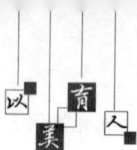

二、实践成效

（一）打造学校美育文化，引领育美课堂

学校按照"全面发展打基础，培养特色育人才"的美育特色学校创建要求，基于学生全面发展的需要，把美育文化创建作为校本课程开发重点；基于学校发展的需要，把美育文化创建作为学校特色发展的突破口；基于素质教育的发展需要，把美育文化创建作为提升学生综合素质、促进学生全面发展的主阵地。在教育教学活动中，学校坚持以美立德，培养学生优秀道德品质；以美益智，提升学生学习品质；以美健体，促进"健"与"美"的和谐统一；以美促劳，培养学生做中学，学中做，鉴赏美，创造美的能力。

1. "美"字图标含义

学校首先设计了用两只手组成的精美的"美"字图标，寓意幸福美好的生活要靠勤劳的双手去创造。"美"字图标由两只手组成的翅膀形艺术造型，预示着勤劳的双手就像两只有力的翅膀，会引领我们走向美好的明天，实现心中的梦想。

2. 校园美育图标文化

指导思想（北教学楼）：全面发展打基础，培养特色育人才。

办学目标（逸夫综合楼）：让教师享受教育的幸福，让学生享受幸福的教育。

实施方略（南教学楼）：

以美立德——培养优秀道德品质；

以美益智——提升学生学习品质；

以美健体——促进"健"与"美"的和谐统一；

以美促劳——做中学，学中做，鉴赏美，创造美。

3. 楼道及墙面文化

南教学楼：

一楼：民族团结及民俗文化（民族团结图片文字）

二楼：传统教育文化，民族传统文化（《弟子规》等图片文字）

三楼：科技知识及创新文化（科技名人及科技创

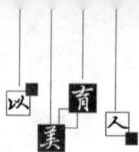

新图片文字）

北教学楼：

一楼：小学生日常行为养成教育（常规教育图片文字）

二楼：民族传统教育（《新二十四孝》等图片文字）

三楼：理想信念教育（政治领袖图片及文字宣传）

逸夫综合楼：

楼道口：社会主义核心价值观主题宣传（主题墙）

教学楼：社会主义核心价值观解读（图片文字）

办公楼：市内外名人书画作品文化（名人作品）

此外，在校门口两侧走廊镶嵌大型德育立体宣传图标。左侧孔子塑像及"立德树人"等古训凸显学校德育为首办学理念，右侧"自然之音"彰显自然美、和谐美及遵循教育规律办学等美育因素。在校门口两侧围墙分别设置主题教育宣传栏和学生个性风采展示栏，强化主题教育，突出学生个性，注重全面发展。在校园东侧墙壁开设红色革命历史文化宣传专栏，强化革命传统教育。镶嵌"我运动、我健康、我快乐"

金色标语，激励学生积极参与大课间阳光体育运动。

在校门口两侧实施"画廊"工程，有计划地对校园进行整化、美化、人文化处理，精心设计校园的各个角落，让学校的每一面墙壁都会说话，赋予学校的每个细节育人功能。

在校园走廊和班级设立"美文、美字、美画欣赏栏"，学生的绘画、小报获奖作品被制成精致的画框悬挂在教学楼的每层走廊和楼梯间，校园的每个角落、每个活动地点都有图文并茂的校园文明警句，既有警示效果，又充满美感。

加大校园净化、绿化、亮化及教育教学设备现代化建设等方面的投入，积极改善学校教育教学硬件环境和办学条件；重视党建和思想政治工作，长期开展师德师风、传统文化、劳动纪律、党性修养等主题教育活动，开展我的中国梦、最美教师、文明教师、优秀党员等评选活动，不断丰富和拓展学校美育文化创建成果。

（二）形成育美课堂理念，指导育美课堂

认真落实党的教育方针关于美育的相关要求，把课堂作为主阵地，结合学校美育特色创建，积极思考、实践，将美育因素融入各学科教学，融入课堂教学评价及常规管理。积极打造育美课堂，融入"四会"（会倾听、会表达、会合作、会质疑）标准，进行"四美"（教学目标美、教师行为美、学生表现美、课堂实效美）评价，凸显"五个抓手"（抓教研、抓培训、抓辅导、抓评价、抓质量），促进学生全面发展。

同时，结合美育文化创建，确定育美课堂校本教材创建目标：一、二年级：主抓常规教育、养成教育，进行小学生守则及文明礼仪常规养成教育，同时开设《三字经》《弟子规》等传统国学教育校本课程，进行民族传统文化启蒙教育。三、四年级：在常规教育、养成教育基础上，开设"民族团结常识教育"地方课程，增加民族传统文化及民族团结教育校本课程。五、六年级：在常规教育、养成教育、民族团结教育基础上，开设"廉洁文化教育"等地方课程，增加生命教育、感恩教育、励志教育等校本课程内容。目前，相关课程已经全面落实，校本教材正在健全完善，内容不断丰富，对学生全面发展起到了积极的推动作用，受到了师生们喜爱。

（三）拓展课题研究内容，引领育美课堂

重点围绕美育文化创建，不断深化、拓展学校美育文化系列课题研究内容。积极申报、承担了"小学生美育文化促育美课堂实践研究""如何在小学各学科教学中有效融入美育因素""如何增强小学教师的学科美育意识""小学生命教育实践研究"等自治区、吴忠市级课题和相关校级课题研究任务。同时不断拓展各学科美育因素融入、美育与学科质量提升、美育与实施素质教育等校本课程。不断通过课题研究为美育文化创建及育美高效课堂建设把脉、定位，从而引领师生在美育文化促育美高效课堂创建中"立美育人、奠基幸福人生"，实现"让教师享受教育的幸福，让

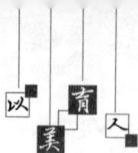

学生享受幸福的教育"的办学目标。

（四）组建美育"特色团队"，拓展育美课堂

学校把美育有效融入课堂中，在音乐方面开设了舞蹈队、合唱队、竖笛队、口风琴队等；在美术方面开设了泥塑班、沙瓶画班、素描班、书法班，并逐步增加剪纸、手工制作、科技小制作等；在体育方面组建了乒乓球队、篮球队，并增加国际象棋、中国象棋、围棋、五子棋等棋类活动。这些活动有计划、有安排、有场地、有内容，已经成为学校美育文化创建的一道亮丽的风景线。

在体、卫、艺教育活动方面，积极组织学生开展"每天锻炼一小时"的大课间活动，激励学生强身健体，落实阳光体育运动计划。目前，学校已完成一至六年级纸品艺术、剪纸课与美术课堂的初步整合工作，各年级每周各有一课时的纸品艺术课、剪纸课，四年级每周一节管口琴课，六年级每周一节竖笛课，初步形成了学校美育特色校本课程体系。

此外，学校积极组织各类艺术体育兴趣小组，请专职教师辅导，外聘业内专业人士对师生进行专业指导。学校大队部每学期组织一次"校园美育文化艺术节"活动，以"小画廊""艺术园地""班级艺术角"为美育文化宣传阵地，发动师生包括家长，对班级文化进行系统的设计和建设，开展交流评比活动，做到"人人有作品、班班有创意"。

每学期一台的文艺节目展演，邀请家长、教师、学生及关爱教育的热心社会人士共同参与。每一次展示活动，都让孩子们获得了成功的体验，增强了自信，从而提高了学生的艺术素养和审美情趣。

三、实践反思

小学美育文化促育美课堂实践，能够从小学生成长的角度，立足课堂教学主渠道，聚焦课堂教学中的美育实施，研究学校美育文化对小学生美育素养的提升及课堂的优质高效的促进作用，有利于增强学科教学的美育意识，培养师生的审美情趣，教育学生从小

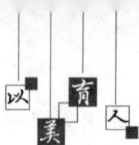

学会发现美、欣赏美、鉴赏美、创造美，从而推动学校实施美育，促进学生全面健康成长，推进素质教育的有效实施。

小学美育文化促育美课堂实践，主要通过营造和谐、美好的教学氛围来实现。美育课堂与传统课堂不同，需要沉浸式教学，没有具体的教课要求，通过陶冶、引导来提高学生感受和创造美的能力。

小学美育文化促育美课堂实践，有利于引领教师深入研究美育文化对小学生的行为习惯、审美情趣、内心世界及学习品质的影响，增强教师在学科教学中的美育意识，促使教师在班级美育文化建设、美育校本课程开发、育美课堂构建等方面不断深入思考，不断发现美育因素、挖掘美育资源，努力探究如何将教材中的、生活中的、自然中的美育因素自觉地融入教育教学活动中，促进小学生健康快乐成长。

实践证明，育美课堂创建中所挖掘的学科美育因素及实践经验已经深深植入师生心中，正在深刻地影响着师生的行为，也影响着家长群体的行为，达到了美育文化"处处有显现、处处能育人"的良好效果。

我们相信,裕民小学全体师生在美育文化引领下,坚持育美课堂实践,积极在课堂教学中挖掘美育资源、融入美育因素,一定会全面提升师生的美育素养,促进学生全面发展、健康快乐成长。

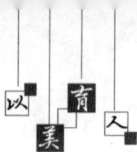

构建育美课堂促进学校内涵发展

一、案例介绍及分析

近年来，我作为学校美育文化创建组牵头人，积极带领学校美育文化创建团队，创建学校美育文化。学校党组织发挥文化领导力，通过顶层设计、组织引领，边实践边总结边反思，逐步确定了美育文化创建的目标、思路。

学校美育文化创建首先在文明礼仪养成教育等德育层面取得明显成效。但如何更进一步地提高课堂教学中美育的融入度，构建和设计"美育"课堂，成为学校美育特色文化创建的新课题。

于是，在学校党组织领导下，我带领研究团队，全力开展学校育美课堂实践研究。在研究中，我非常重视在中国好老师基地校平台教育资源宝库中寻找、借鉴先进经验，通过参与微信群、QQ群分享，收听中国好老师平台推荐的各类专题讲座，主动与好老师基地校中文化创建名校校长沟通交流等，我和我的研究团队明确了育美课堂创建的方向、目标和思路，深刻认识到：校长领导力，更重要的是基于文化的领导力；育美课堂创建，同样是基于育美课堂文化的创建。

为此，学校将"美育"课堂的构建列出以下重点：学校党员和骨干教师应当根据自己资深的教学资源，明确全校师生"美育"课堂的构建重点，构建育美课堂、和谐课堂，促进学生全面发展、健康快乐成长。

二、问题解决及过程

把育美课堂文化作为学校美育文化创建的有机组成部分，抓育美课堂，促美育文化。

1. 邀请专家引领

学校邀请华东师范大学教授夏志芳、胡知凡等有关专家,到学校开展育美课堂实践指导,通过专题讲座、听课指导等活动,帮助学校精准定位美育文化,帮助教师明确育美课堂实施重点。

在学校党总支和专家团队的指导下,我和研究组成员成功设计了美育图标,出台了学校美育文化创建框架图和新时代美育文化创建拓展图,明确了育美课堂创建思路、目标和方向,从而为有效引领全体教师全面挖掘学科美育资源,高效有序推进育美课堂实践提供了强有力的理论保障和智力支撑。

2. 打造育美团队

以宁夏教育系统党建示范点、五星级服务型党组织和吴忠市美育特色学校等品牌建设为抓手,我校积极发挥学校党组织对学校文化创建的领导力和创新力,结合美育文化、育美课堂、文明学校创建要求,完成育美课堂的构建。

我校党建名师、数学名师、语文名师等被确定为吴忠市"名师工作室"牵头人，他们按照和谐课堂、育美课堂新要求，积极参与并完成各种教学活动，让党员名师、各级骨干教师带头展示交流育美课堂实践成果，示范、引领、辐射、带动全校乃至区域教研共同体学校共同践行美育，构建育美课堂。

3. 开展美育活动

积极开展美育论坛、校园美育文化艺术节、开展"三字一话一技能"大练兵等活动，全面营造美育文化氛围，提升师生美育素养；以师生文明礼仪养成教育、安全管理规范化示范校创建，文明班级、文明组室创建为抓手，积极开展"雷锋精神代代传""争做美德好少年"等丰富多彩的美育系列活动，不断丰富和拓展学校美育文化，为育美课堂创造良好文化氛围。

4. 构建育美课堂

引领教师充分挖掘美育资源，有序引导全校教师在课堂教学中积极践行美育，构建育美课堂。

在构建育美课堂实践中，我们通过专家引领、育美实践，明确了如下育美课堂实践目标，即课堂教学中要积极融入"四会"标准，即会倾听、会表达、会合作、会质疑；进行"四美"评价，即语言美、行为美、结构美、和谐美；凸显"五美"环节，即寻找美、发现美、感受美、鉴赏美、创造美。

教务处在课堂教学评价指标中，把上述育美课堂实践标准、评价、环节等融入育美课堂创建指标，通过实践引导、评价考核等多种方式，推进育美课堂理念文化进课堂、进师生头脑，像涓涓细流融入师生心田，让教师乐教、学生乐学。和谐的育美课堂氛围让教师享受到教育的幸福，学生享受到了幸福的教育。

5. 开设育美课程

结合育美课堂创建，通过专家引领、集体研究，确定育美课程分年级设置、分年段实施目标。如一、二年级开设"行为习惯美"校本课程，主抓文明礼仪养成教育等常规教育，注重培育语言美、行为美和仪表美；三、四年级开设"传统文化美""家乡人文美"课程，主抓中华民族优秀传统文化及地方优秀民俗文化教育，注重培育人文美、和谐美；五、六年级开设"廉洁文化教育"地方课程，开设"心理健康美"课程，增加生命教育、感恩教育、励志教育等校本课程内容，注重培育思想美、心灵美。

6. 营造育美文化

学校美育文化创建小组积极开展美育创建系列专题研究和宣传，从文化和理论层面为育美课堂把脉定位。学校党总支部积极申报的"党建促学校美育文化实践研究""党建促育美课堂实践研究"等美育系列课题研究，被宁夏教育工委确定为重点课题，均以优

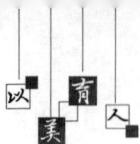

异成绩顺利结题。

学校班子成员、教职工围绕育美课堂、美育文化创建，在教育教学管理、班级主题教育、行为习惯养成教育等方面积极思考实践，积极总结反思。7篇论文在《宁夏教育》《宁夏教育科研》上发表，《如何在小学低年级识字教学中渗透美育》《谈小学语文教学中的美育渗透》《小学美术教学中的育美实践》等12篇论文在《吴忠教育》上发表，《美始终在数学教学中》等60余篇育美课堂实践的体会文章在学校校刊《春华秋实》上分享。

三、成效及反思

1. 育美课堂实践让学校教育生态发生改变。多年的育美课堂实践，让美育文化在学校生根发芽，正在破土而出、茁壮成长。学校教育生态发生了可喜的变化：

一是学生变了。最明显的变化是学生行为习惯真正改变了。以前乱扔纸屑垃圾的习惯几乎没有了；学生在楼道内追逐打闹、高声喧哗的现象明显改变了；学生无论是进入校园、放学，或是在升旗集会等大型集体活动中，开始自觉排队了，懂得礼让了。讲规矩守纪律成为我校学生新的行为名片。2018 年 10 月，我收到一名家长的表扬信，表扬二（6）班孙博瑞，在公交车上捡到一个钱包，里面有 400 元现金和银行卡等物品，孙博瑞捡到钱包后，主动把钱包交到派出所，返还给失主；2019 年 11 月，我又收到教育局明察暗访组发来的表扬信，表扬二年级李颖、王玉、金惠同学在公交车上主动让座给老人的文明礼貌行为。类似"美德少年"在我校已经选树了 800 多名，发挥了很好的榜样示范效应。

二是教师变了。最明显的是全校教职工开始把美育作为自身的教育教学及生活行为中的一种高尚文化追求，日常生活中，注意言谈举止文明，着装简单、大方、得体；同时在课堂上积极发现和挖掘美育资源，在教育教学和管理中充分融入美育因素，自觉实施育美课

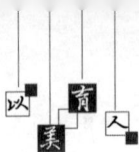

堂、践行美育文化；在学校美育文化各类实践中，积极跟进，积极参与学习、讨论，贡献自身的经验和智慧。2019年学校编辑印发的第五期美育校刊《春华秋实》中，收录了教师在育美课堂实践中的感悟体会和思考成果30余篇。

三是家长变了。通过育美课堂实践，学生的文明行为养成了，美育素养提升了。同时，通过"让小手拉大手"，改变了部分家长的不文明行为。比如部分家长先前过马路闯红灯、在校门口拥挤无序、家长带孩子买零食、无视孩子乱扔垃圾等现象，现在明显改变了。育美课堂、美育文化，让学生在养成文明行为、提升美育素养的同时，促进了家长文明素养的提升，让学校美育走向社会，促进了社会文明和谐。此外，家长的育人角色发生了根本改变。

2.育美课堂实践，让师生关系、家校关系变得更加和谐。育美课堂实践，让学校美育特色文化走进课堂、走进家庭、走进社会，创造了和谐美，营造了宝贵的和谐育人氛围。

一是和谐了师生关系。通过专家引领及育美实践,全校教职工以"美育"的标准评价自身的教育行为,以"美育"的标准自觉抵制体罚学生、有偿家教、乱订教辅资料及因过分功利而伤害教育、伤害学生、损害师生情感的行为,从而积极主动地构建和谐的师生关系,教师体罚学生的现象少了,学生之间不文明的言语和行为少了,师生之间进入了和谐共进的良好氛围。

二是和谐了干群关系。育美课堂实践,让班子成员带头践行校训"求真、向善、育美、立德",真诚、耐心、细致和精准服务,赢得了教师们的理解和信任。学校班子成员与教师之间,埋怨、抱怨、争吵的少了,相互沟通、理解、支持的多了,形成了和谐的干群关系。

三是和谐了家校关系。在育美课堂实践中,我们认识到,和谐是一种大美。和谐产生力量,和谐课堂是高质量课堂的基础。为此,我们把和谐课堂向和谐家校关系拓展,积极开展家校合作,构建合作、共育、

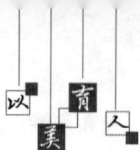

交流、成长、创新、共赢的家校关系，解决了许多家校之间的矛盾，和谐了家庭、和谐了班级、和谐了校园，形成了教育合力，实现了家校共育。

2016年11月，我校积极参加由中国儿童少年基金会、恒源祥集团发起的"恒爱行动"。在市妇联的对接下，1500斤毛线，仅仅一个月的时间，变成了一件件花样繁多、款式新颖的毛衣作品。这些作品都是爱心家长们，发挥聪明才智，利用午休、坐班车、晚饭后的工余时间编织出的，在吴忠市教育局领导的大力支持下，学校组织了由家长、学生、教师组成的"恒爱行动"小组，一行25人赴新疆昌吉市第七小学奉献爱心，将1800件新毛衣和2000多张爱心卡送到该校学生手中。

件件毛衣、根根毛线，编织着情，传递着爱，奉献着我们对新疆昌吉市第七小学全体师生的祝福和关爱。在新疆爱心毛衣的发放现场，许多师生都流下了感动的眼泪。我们的行动搭建了宁夏与新疆的校际互动，心手相牵，让民族团结的大和谐、大美育走出宁夏，走向全国。

实践证明，多年的育美课堂实践，形成了宝贵的课堂文化，丰富了学校美育特色校创建，增强了学校发展的内驱力和凝聚力，提升了学校的特色文化品位。目前，育美课堂、美育文化已经深深植入师生心中，已经深刻地影响着师生的行为，校园环境显示出了美育文化"处处有显现，处处能育人"的良好效果。

挖掘语文教材中的美育资源

——提升小学生的审美能力

一、案例背景

1. 基于课程实施的需要

《义务教育语文课程标准》(2022年版)明确规定:"感受语言文字的美,感悟作品的思想内涵和艺术价值,能结合自己的经验,理解、欣赏和初步评价语言文字作品,丰富自己的情感体验和精神世界。""在语文学习过程中,培养爱国主义、集体主义、社会主义思想道德,逐步形成正确的世界观、人生观、价值观。"因此,基于语文的科目特点,语文教师不仅要承担教授语文知识的重担，同时也要承担审美教育的责任。

2. 基于学生发展核心素养的需要

2016 年，北京师范大学受教育部委托正式发布"中国学生发展六大核心素养"总体框架，以科学性、时代性和民族性为基本原则，以培养"全面发展的人"为核心，分为文化基础、自主发展、社会参与三个方面。综合表现为人文底蕴、科学精神、学会学习、健康生活、责任担当、实践创新六大素养，具体细化为国家认同等十八个基本要点。其中"人文底蕴"主要是指学生在学习、理解、运用人文领域知识和技能等方面所形成的基本能力、情感态度和价值取向，具体包括人文积淀、人文情怀和审美情趣等基本要点。

3. 基于学校文化创建的需要

2012 年我校提出了以"立美育人，奠基幸福人生"为教育目标的校园"美育文化"创建构想，在"全面发展打基础，培养特色育人才"的办学理念的指导下，拟定了"以美立德——培养优秀道德品质；以美

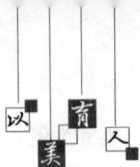

益智——提升学生学习品质；以美健体——促进'健'与'美'的和谐统一；以美促劳——做中学，学中做，鉴赏美，创造美"的办学思路，意在将美育贯穿学校教育的全过程，培养健康乐观、具有美好情操的合格学生。在此基础上，学校教务处制定了《吴忠市裕民小学构建育美课堂实施方案》，明确了我们的课堂教学既要重视知识的学习，更要重视学生的审美能力的培养，塑造学生美的心灵，培养学生健康高尚的审美观，训练和提高学生的审美能力。

二、案例分析

1. 教师重知识传授，轻情感培养。处在"考什么教什么，怎么考怎么教"的状态下，每学期的工作重心是根据以往测试卷的命题方向，开展文本解读、备课上课、作业设置、自测练习等常规工作，忽略了对学生进行情感、态度与价值观方面的教育，也就是重视知识的掌握，忽略了情感的培养。

2. 学生重分数、轻素养发展。学生处在"教师怎么教就怎么学，教什么就学什么"的被动状态，大多数学生忘却了学习的初心，只为考试分数努力，为完成作业努力，忙于应对堂堂清、单元过关测、期中检测、期末综合测，对字、词、句、段的学习只是停留在识记层面，缺失了自己对所学课文的个性理解。

3.学校教学工作多关注教学质量检测成绩，重视教师教得怎样、学生考得怎样，忽略了课程教材所承担的美育功能，教学教研活动中也很少有关于如何挖掘课文中的美育因素，培养学生审美能力这样的讨论话题。

三、案例实践

1.优化课堂教学，在阅读中感受美。扎实落实"以美激趣，创设情境；以美激情，探究交流；以美激思，拓展创新；以美导练，张扬个性"的课堂教学方法，引导学生在学习语言文字的同时感受其表达的情感。

2.优化设立使用采集本，积累并表达美。将以往使用的采集本冠名"集美宝典"，指导学生将所学课

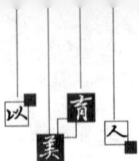

文中的美育因素或摘抄记录下来，或写一写自己的理解感受，或仿写运用。根据学情选择任务，或课课做，或两三课综合做，或一个单元整理做。总之，就是鼓励学生选择自己喜欢的方式表达对课文中美育因素的感悟，达到"以美益智"，提升学生学习品质的目的。

3.制作专题性手抄小报，鼓励学生分享并创造美。每两周指导学生制作一期"我的美育小报"，教师通过指导学生精选积累的美词美句美段和自己写的关于对美的感悟和表达的成果等，采用图文并茂的形式展现出来，和他人分享，让学生体验到自己发现美、理解美、感悟美、表达美的乐趣。

4.运用多元化评价手段，激发兴趣，提升审美能力。多元化评价手段运用于学生的学习过程中，一是定期组织学生展示交流自己的"集美宝典"小册子，进行自评、互评和家长或教师点评，让学生感受学习的快乐，审美能力不断发展。二是将学生的手抄小报张贴在班级内，让同学们互相欣赏并采用星级评价。三是每月组织一次展示评议活动，以小组为单位推选最佳"集美小作家"，每学期教师对每位学生的"集美宝典""我的美育小报"及学习中的表现进行一次等级定性评价。在评价中激励学生主动积累美育素材，大胆表现美，提升他们的审美能力。

四、案例反思

苏联著名教育家苏霍姆林斯基说："美是道德纯洁、精神丰富和体魄健全的有力源泉。"作为小学语文教师，我认为应该在引导学生学习语言文字的基础上，注重培养他们的识美、品美、审美、爱美、创造美的能力，努力使每一位学生成为具有美好品行的人。小学语文教材中选编的文学作品，有一定的文学性、趣味性、人文性，且能显示较高文化品位，其中蕴含的美育因素包括语言（字、词、句）、情感、思想、形式（文体、插图等）等，语文教师应充分挖掘这些文质兼美的作品中所蕴含的美育因素对学生进行审美教育，即引导学生感受、理解、表达、创造美的努力。

实践证明，结合教学实际，挖掘语文教材中的美

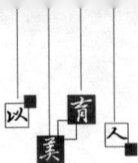

育因素，在语文课堂教学中有效融入美育因素，引导小学生发现美、感受美、鉴赏美、创造美，可以不断提升小学生的审美能力和美育素养，促进小学生德、智、体、美、劳全面发展。

品读美文提高小学生的审美能力

一、案例背景

小学阶段是美育实施的重要阶段，小学课堂中的美文品读是引导小学生发现美、感受美、鉴赏美的重要方法，也是提高小学生审美能力的有效途径。那么，在小学阶段应如何通过品读美文提升学生审美能力呢？

二、案例实践

（一）品读美文，培养学生感知美、发现美的能力

1. 品读美文，欣赏画面美

在小学语文教材中，有很多名篇佳作值得我们去

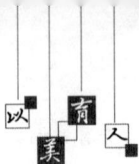

细细品味。如三年级语文上册教材中的《锡林郭勒大草原》。第一部分是围绕重点句"草原是广阔而又美丽的"展开写作的，通过对野草、野花、湖水等事物细致入微的描写，刻画了一幅静态的草原图；抓住"清亮""一洼洼"感受湖水的清透，通过"开满""各种各样""覆盖"等词感受野花的多、美、香，把静态的大草原描绘得栩栩如生，这一部分的语句，是作者对大自然的由衷赞美。我让学生通过品读，细细欣赏锡林郭勒大草原的静态美。

2. 品鉴美文，欣赏语言美

许多作品都会运用语言这个手段来激发学生的审美情趣，从而塑造学生的人格。如在学习《锡林郭勒大草原》湖水这部分内容时，让学生感受到湖水的神奇是难点，我用两组句子进行对比，让学生谈一谈有什么不同感受，第一句：草滩上嵌着清亮的湖水。第二句：高低不平的草滩上嵌着一洼洼清亮的湖水，水面映出太阳的七彩光芒，就像神话故事里的宝镜一样。

这样学生体会到了第二个句子不仅写出了湖水清透、干净，还写出了湖水很多，抓住词眼让学生比较、揣摩、体会，这样既品味了语言文字的精妙之处，又透过文字感受到了草原的美丽，感受到了作者对草原的热爱。可见，语文课本是一本得天独厚的美育教材。

3. 品析美文，欣赏文章的结构美

《锡林郭勒大草原》这篇文章既有美的语言文字、美的草原景色，更有美的篇章结构。学完课文后，我及时引导学生发现并感受文章的结构美。文中第一部分主要写草原上的植物，突出它的美丽，属于静态描写，展现静态美；第二部分主要写草原上的人和动物，突出它的欢腾，属于动态描写，展现动态美。而且课文的第三自然段是过渡段，承上启下，展现自然美、整体美。在读文中品析文章的结构美，无形之中对学生进行了审美教育。

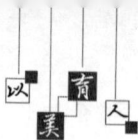

（二）拓展延伸，激发学生表现美、创造美的情趣

1. 示范朗读表现美

教师在进行教学安排时，可以先进行示范朗读，教师朗读时的轻重缓急、抑扬顿挫能够帮助学生有效跟读。学生进行自主朗读，才能初步知晓故事内容，才能明确作者想要抒发的情感基调。教师的引导也能够降低学生朗读的枯燥性，让学生感受到朗读的韵律和美好，从而提高教学效率。

2. 联想朗读再现美

《锡林郭勒大草原》一文中作者用优美的文字描绘出秀丽的自然风光。教学时，教师可借助电教媒体的音像系统，播放生动的画面，展示一幅幅美丽的画面，让学生进入意境，认识文中所描绘的锡林郭勒大草原的辽阔、美丽以及牛羊欢腾的场面等。

感染学生情感，使学生入境入情，一边欣赏美景，一边放声朗读，似乎自己也走进这美丽的世界，很自然地就把领略到的情感及大自然的美融入朗读当中。

3. 习作练笔创造美

学生表现美、创造美的形式不仅可以通过朗读体现，还可以在习作中展示。在教学过程中，我很注重鼓励学生主动观察生活，体验生活中经历的小乐趣，并从中发现美好。

比如，学完《锡林郭勒大草原》一课，我指导学生模仿课文的写法，写一写我们身边还有什么优美的地方。如：我们的校园。让学生自己观察我们的校园不仅美丽，而且是我们成长的乐园。然后提问：大家学习了本课，能不能用本课的写作方法，试着写写我们的校园呢？当学生写完后，让学生读给大家听，肯定优点，让学生体会到自己的成功，从而培养了学生的习作能力、表达能力和创造美的能力。

4. 情感共鸣深化美

指导学生在欣赏文学作品时，通过营造氛围、创

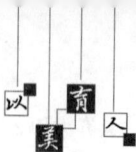

设情境等方式，激发学生审美情趣和创造意识，让学生在特定的审美情境感受中发现美、欣赏美，进而创造美，激发审美情趣，培养学生对语言文字的审美感知能力，提升小学生的美育素养乃至生命素养。在语文教学活动中，引导学生对文章进行分析，揭示文章的内在美，能有效调动学生情感，拨动他们情感的琴弦，让学生在欣赏、感悟作家塑造的美感时，能与作家的情感产生共鸣，形成共振。

5. 课外阅读拓展美

语文学科美育无处不在，在课内、校园美育获得扎实基础后，可以由课内拓展到课外。平时鼓励学生多看课外书，多参加校外旅游、社会实践活动等，从更多有字之书、美篇美文及大自然、社会实践、生活体验等"无字之书"中获取更多信息，提高学生感受并提炼美好的能力。

总之，语文教学中美育无处不在。平时的美文品读，可以在立足课本的同时，由课内拓展到课外。平时鼓励学生多看课外书，"问渠那得清如许，为有源头活水来"。用优秀的文学作品占领学生兴趣阵地，用美文滋养学生心灵，提升学生美育素养，为学生幸福人生奠基。

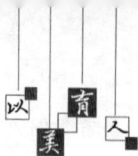

抓美育特色　促内涵发展　提育人质量

　　吴忠市裕民小学始建于 1957 年，是一所具有光荣校史和优良传统的吴忠市名牌学校。近年来，学校党总支不断增强学校文化领导力，认真落实党的教育方针和教育部关于推进学校美育工作指导意见，"以美益智，以美立德，以美健体，以美促劳""求真，向善，育美，立德"，以先进的办学理念、鲜明的美育文化特色、一流的"四有"好老师队伍、良好的校风教风学风及稳定优异的教育教学质量，赢得师生、家长和社会的广泛赞誉，成为名副其实的吴忠市名牌学校。

一、创建美育特色学校，促进内涵发展

学校党政班子定目标，重实践，强化顶层设计，专门设立文化创建功能党小组，开展党建促美育文化专题研究，为美育文化创建提供理论支持；创办美育特色校刊《春华秋实》，不断丰富、积累党组织引领学校文化创建的智慧成果。

根据新时代教育发展新要求，学校党总支结合美育文化创建和教育教学工作实际，提出了"美育文化拓展"新思路："三融入"（融入德育工作、融入课堂教学、融入师生行为），"四突破"（在生命教育上实现新突破、在小学生核心素养上实现新突破、在学校艺术教育上实现新突破、在学校社团活动开展上实现新突破），"六途径"（教育理念蕴含美育文化、课堂教学传播美育文化、主题活动渗透美育文化、校园环境承载美育文化、榜样力量推广美育文化、师生生活弘扬美育文化）。美育文化创建新思路基于党的教育方针及新时代教育改革发展新理念、新成果，结

合学校美育文化创建实际，务实、接地气，为学校美育文化创建、美育特色学校发展引路护航。

二、创建星级服务型党组织，增强党组织凝聚力

学校认真落实自治区、吴忠市教育工委关于开展星级基层服务型党组织的总体要求，对照"六有""五个好"考核标准，重点从学校领导班子建设、功能党小组建设、师德师风建设、主题教育活动及服务载体创建、创先争优等方面整体推动，全面提升。

我们要求学校班子成员、党员，重点开展以下"六项服务"：开展党员"服务承诺"活动，明确承诺，主动接受党组织和师生群众监督；开展班子成员"访谈"活动，通过走访、谈心、专题调研，积智纳谏，民主决策，科学管理；开展班子成员牵头"功能组室"活动，各班子成员牵头功能党小组、年级学科组，发挥指导、引领作用；开展党员"爱心奉献"活动，通过捐助、义务辅导、义务替课等方式，奉献爱心和智慧；开展班子成员、普通党员"讲党课"活动；开展党员"岗

位创优"活动，以一流的工作态度、一流的服务水平、一流的工作成绩"创先争优"，推动学校教育又好又快发展。

三、狠抓教师队伍建设，创建"中国好老师基地校"

以宁夏首批"中国好老师基地校"创建为契机，严格规范教师从教行为，坚持以良好的师德师风树形象、促和谐、提质量。积极开展"学师道、立师德、树师风"专题教育活动，健全师德考核机制，坚决杜绝教师体罚和变相体罚学生、乱订教辅资料等现象发生，严禁有偿家教、有偿辅导、参与班级收班费等有损师德形象的行为。

开学初与分管领导、教师签订了教师师德师风目标管理责任书，严格落实《中小学教师职业行为十项准则》。积极牵头创建"教研共同体"，在教学研究、教法改进、难点问题研讨、教学教研交流等活动中，带头晒课、带头交流、带头结对帮扶片区内青年教师

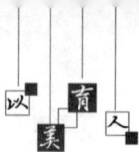

共同成长。充分发挥我校"数学名师工作室"作用，结合学校育美高效课堂建设，安排名师常规示范课，开展名师结对帮扶活动，有利促进了本校及共同体单位校青年教师的快速成长。

四、抓好家校合作，实现家校共育

不断巩固吴忠市首批家庭教育试点学校创建成果，充分发挥学校、年级和班级三级家长委员会组织的作用，通过定期召开家委会、开办家长学校、引领家长读书、组织亲子共读及组建多种层面的微信群、QQ群等多种方式，不断拓展家长与学校、家长与教师、家长与家长之间的沟通联系渠道，促进家校合作，实现家校共育，形成教育合力。

我校由家长和师生联合编排的情景剧《陪伴是最好的礼物》在宁夏回族自治区党委宣传部、自治区妇联、教育厅、文化厅承办的"传承好家风，培育好儿童"文艺晚会精彩上演。在新冠疫情防控期间学校开通"空中课堂"及学生外出信息统计上报、志愿服务等工作，得到了家长们的积极支持，唱响了"家校合作、家校共育"主旋律，进一步拓展了学校的教育资源，培养了亲情，增进了友谊，和谐了家庭，和谐了班级，和谐了校园，形成了教育合力。

五、创建一流品牌，争创吴忠市"好学校"

把"好学校"品牌创建作为促进学校科学发展、内涵发展、和谐发展的重要推动力量，重点在不断强化和丰富四个方面。

一是创党建品牌：成功创建了自治区教育系统"五星级党组织"、自治区党建示范点、宁夏回族自治区"中国好老师"基地校、自治区三八红旗集体、吴忠市名牌学校、利通区教育工委优秀党支部等称号。学校党总支在党风廉政建设、清风校园创建、功能党小组建设、党建名师工作室、党员先锋岗、巾帼示范岗、教工书屋等创建工作中创先争优，不断取得新成效。

二是创德育品牌：在抓好德育常规工作的基础上，党总支结合社会主义核心价值观教育新要求，牵头指

导政教、少队积极创建德育品牌，成功创建了"全国优秀少先队大队""自治区安全管理规范化示范校""吴忠市文明单位""德育工作先进集体"。

三是创教学品牌：党总支牵头育美课堂文化打造，以育美课堂文化促进课堂教学质量提升，经过多年打造，形成了特色鲜明的育美课堂"四会"标准、"四美"评价和"五美"环节，并结合新时代新要求提出了美育文化拓展"三融合""四突破""六途径"等新的创建思路，营造了和谐向上的课堂氛围，提升了课堂教学质量，多次被教研室评为教研先进集体，同时在片区教研共同体、数学名师工作室、师徒结对、教学帮扶等活动中凸显了自身特色，有 20 余名党员骨干教师在"一师一优课"竞赛中获得部级优课，30 多名党员教师、各级骨干教师承担"空中课堂"在线授课任务。学校荣获 2019 年度教学质量优胜奖和年度考核一等奖。

四是创特色文化品牌：党总支坚持文化引领，积极打造美育文化、育美课堂文化、校园绿色生态文化、校园育美环境文化和班级美育文化等，不断丰富和拓展美育文化内涵。连续获得"全国创新名校联盟成员单位"、"全国创新教育特色学校"、自治区总工会"教工书屋"、吴忠市"美育文化特色学校"、"教育行风建设先进校"等称号。

让学生触摸数学的美

——"加法交换律"教学实录与评析

一、教学目标

1. 探索和理解加法交换律，并能够用字母来表示加法交换律。在学习用符号、图形表示自己发现的规律的过程中，渗透符号化思想，培养学生的推理能力，逐步提高抽象思维能力。

2. 经历探索运算定律过程，通过对熟悉的实际问题进行比较和分析，发现并概括出加法交换律，体验数学美的简洁性。

3. 在数学活动中获得成功的体验，进一步增强学习数学的信心，培养独立思考和探究问题的意识和能力，体验数学模型的美。

二、教学过程

（一）创设情境融入美

师：同学们听过"朝三暮四"这个成语故事吗？让我们一起走进这个故事，听听这里的数学。（观看屏幕）

生：看成语动画。

师：你看明白了什么？向公聪明吗？怎么个聪明法？

生：我看明白了向公给猴子分桃子，早上分3个、晚上分4个，猴子们不乐意。于是，向公就改为早上分4个、晚上分3个，猴子们高兴极了。

师：刚才猴子分桃的过程用算式怎么表示？

生：3+4=7，4+3=7。

师：结果一样的算式也可以这样写：3+4=4+3。

师：让我们继续走进生活。出示：李叔叔骑自行

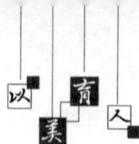

车锻炼的场景。你们获得了怎样的数学信息和问题？

生：李叔叔今天上午骑了 40km，下午骑了 56km，一天一共骑了多少千米？

师：算式怎样列？

生 1：40+56 = 96，生 2：56+40=96。

师：结果一样的算式可以用什么符号连接？

生：用等号连接，40+56 = 56+40。

师：（指着 3+4=4+3，40+56 = 56+40 算式）请同学们观察这两个算式有什么相同的地方？

生：加数前后交换位置，大小没变，和也没变。

师：同学们不仅有一双明亮的眼睛，而且能智慧地思考。让我们继续带着智慧走进数学世界去探索。

【评析】课始，教师课件出示"朝三暮四"这个有趣的成语故事。根据故事情境学生写出等式 3+4=4+3，为加法交换律的建模奠定基础，所以呈现李叔叔骑自行车的情境时，学生能很快将两个和不变的算式用等号连接。教师评价语言自然、真诚，让学生心里饱含成功感，让模型思想的美自然融入学习过程，促使学生发现以上的等式蕴含着对称美，存在着平衡美，吸引学生继续探索新知。

（二）枚举验证寻找美

师：请同学们猜想一下：任意两数相加，交换位置，是否和都不变？

生：是这样。

师：有了猜想，我们还得验证。你打算怎么验证？

生：我用加法算式去验证。

师：同学们，老师想请教一下，"任意"两个数是什么数？

生：自然数、分数、小数。最小的自然数是0。

（学生举例验证，教师巡视指导。）

【评析】学生在举例中理解"任意"两个数指的是什么数。拓宽学习的知识层面，在猜想、验证的学习实践中将学生引入知识探索的深处，使数学模型思想逐渐清晰，方法趋向规律性。又一次激发了学生参与的积极性，让学生在和谐美的氛围中体验到数学学

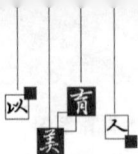

习的趣味性。

（三）比较概括简洁美

师：同学们仔细观察列举出的等式，说一说你发现了什么？

生：1.2+4.7=4.7+1.2，28+35=35+28，$\frac{1}{9}+\frac{5}{9}=\frac{5}{9}+\frac{1}{9}$，0+2=2+0。

师：你能用自己的话说出你发现的规律吗？（教师指着展台上验证的算式）并给你发现的规律起个名字。

生：我发现任意两数相加，交换位置，和不变，它们的名字叫加数交换。

师：这位同学观察得真仔细，说得简洁、明白。

师：同学们思考下这句话中关键字词是哪些？（教师板书：任意两数相加，交换位置，和不变，这叫作加法交换律）

生：任意、交换、和不变。

师：老师写这个交换律的时候，写了好半天，你们能帮老师减轻点负担吗?

师:用语言表达加法交换律比较麻烦,怎样表示既简单又清楚呢? 试一试,用你喜欢的符号、字母或图形代替两个加数,写出最简洁的加法交换律。

生:教师巡视收集学生简洁的写法:

!+?=?+!, □ + ○ = ○ + □,

a+b=b+a, ☆ + ◇ = ◇ + ☆……

师:继续比较你们创造性的表示方法,你们认为哪一种最简洁、最方便、最好记? 为什么?

生:这些都比文字表示要简洁得多。

生:用字母表示最简洁。因为正方形和圆要用学具画,用手画出来的不好看。

生:五角星、四角星也不好画,字母人人都能写好,也不用学具就能做好,所以用字母表示最简洁、最方便。

师:经同学智慧的辨析,用字母表示加法的交换律优点还真不少,所以我们学习数学少不了"字母"这个朋友。(教师板书:a+b=b+a。)

师:同学们,a 和 b 代表什么数呢?

生：任何数。

【评析】老师幽默风趣的语言，把学生建模思维推向了成熟，积极想办法让加法交换表示变得简洁、方便。在学生自主辨析过程中，学生体验到用字母表示加法交换律是最简洁、最便于记忆的方法，感受到数学美的简洁性，激活了思维，让学习内容不断丰满。

（四）巩固应用严谨美

师：咱们对加法交换律有没有似曾相识的感觉？以前学过的知识中哪些地方用到过加法的交换律？

生：验算加法。

生：乘法验算也用交换的方法。

师：你们说得都对，用加法交换律来验算早就用到过。乘法验算也用到交换位置的方法，同学们可以提前看看后面的知识有没有乘法交换律。

1. 基本练习：你能在括号里填上合适的数吗？试试看吧。

766+589=589+（ ）   300+600=（ ）+（ ）

257+（　　）=474+257　　　　（　　）+55=55+420

a+15=（　　）+（　　）　　　　（　　）+65=（　　）+35

2. 概念练习：下面等式哪些符合加法交换律？符合的画"√"。

（1）甲数 + 乙数 = 乙数 + 甲数（　　）

（2）a+80=800+a（　　）

（3）■ + ☆ = ☆ + ■（　　）

（4）a+300=300 - a（　　）

对于第（1）题，学生质疑辨析：加法交换律，加数的大小不变，和不变，只变它们的位置。对于（4），老师强调同学们有抄错符号的现象，把"+"号写成"-"，所以学数学一定要细心。

3. 拓展练习：运用加法交换律，你能写出几个算式？写写试吧。

25+49+75=（　　）+（　　）+（　　）

生：25+75+49　　75+49+25　　75+25+49　　49+75+25

49+25+75

师：（展示学生写的以上算式）同学们观察这些

算式，哪两个加数交换了位置？在这些算式中，你认为哪一道计算起来比较简单？说说你的想法。

生：25+75+49=，75+25+49=，49+75+25=，这些算式计算简单，因为它们中有两项可以凑成整百数，所以计算时速度快，不会出错。

师：同学们会思考，真聪明！学习加法交换律就是为我们计算简便服务的。

【评析】基本练习照顾到大班额不同层次的学生。概念练习可以深化知识的理解，让加法交换律的数学模型扎根在学生的脑海中，培养学生辨析能力和解决问题的能力。学生能体验到学习数学容不得半点马虎，数学严谨之美融入学习过程。学生在质疑辨析 a+80=800+a 这个等式时，对概念关键字、词有更好的理解，明白"变"与"不变"的内在规律，而这种规律正是数学严谨的平衡之美。

（五）类比延伸拓展美

师：经历加法交换律的探索过程，同学们又有新的猜想吗? 是不是减法、乘法和除法中也有交换律的存在呢?

生: 只有加法和乘法有交换律, 减法和除法没有交换律。

师: 哪一个猜想是正确的呢? 请同学用刚才学到的方法, 验证一下。

生: $63-0 \neq 0-63$, $0 \div 8 \neq 8 \div 0$(0不能做除数)。

师: 这节课大家有什么收获?

生: 我明白加法交换律可以用文字表示, 但是用字母表示加法交换律更容易记忆。

生: 我知道加法和乘法有交换律, 减法和除法没有交换律。

生: 我觉得数学学习特别有意思, 用数学解决问题能化繁为简……

师: 我们不仅知道加法交换律, 而且体验到用字母表示加法交换律最简洁、最方便。加法交换律是为计算简便服务的。跟大家一起学习, 老师很开心。

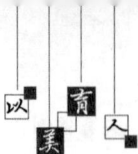

【评析】知识的类比延伸，再次让学生探索的兴趣高涨，学生主动验证自己猜想：是不是减法、乘法和除法中也有交换律的存在呢。学生感受到数学就像最优秀的"法官"，不仅拥有真理，而且拥有公平的美。哪里有数学，哪里就有真理，哪里就有数学的美。

【总评】"加法交换律"，学生理解起来比较容易，容易的知识点往往在课堂上显得枯燥。然而，综观教师本节课的教学，流畅通达，化繁为简，让学生充分感受到数学美的简洁性、数学美的严谨性、数学美的和谐性。正因为有了这些美的感受，学生学习过程充满思维的灵动、情感的和谐，让课堂精彩纷呈。

立德树人　以美证道

　　宁夏吴忠有千年历史，利通城区更是一座塞上古城，当地的裕民小学成立于 1957 年，是一所规模较大的义务制城市公办学校，既有光荣的校史，也有优良的文化传统。学校以"立美育人，享受幸福教育"为目标，在办学路上坚持求真、向善、育美、立德。

一、以美立德　品行为先

　　裕民小学首先秉承"以美立德，培养学生优秀道德品质"的理念，从四个方面引领师生践行社会主义核心价值观，弘扬中华民族优秀传统文化。

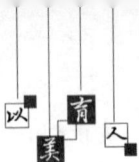

一是注重养成学生懂文明、讲礼貌的好习惯，同时注意校园环境的维护。

二是开展"红领巾心向党""祖国在我心中""中国梦，我的梦""弘扬雷锋精神，争做慈善使者""缅怀先烈""红领巾牵手中国梦"等主题教育活动，组织诗歌朗诵、美育文化艺术节等活动，保障学校浓郁的德育氛围。

三是狠抓安全教育，定期开展"安全教育"系列活动，设立"安全教育月""安全教育周"，使学校安全工作做到警钟长鸣，防患于未然，被自治区教育厅授予"安全管理规范化示范校"称号。

四是通过主题班队会、升旗活动、宣传专栏、情景剧、手抄报等形式，深入宣传党的民族政策和社会主义法制。学校以"中华民族一家亲，同心共筑中国梦"为主题，在全校师生中广泛开展民族团结主题团队日、演讲、征文、故事会、读书会等活动，促进民族团结友谊之花在校园内处处绽放。

二、美育文化　提升素养

裕民小学围绕创建美育特色学校，在上级教育行政部门领导和各级机构专家的支持指导下，成功提炼出"美育文化创建构架图"和"美育文化建设流程图"，明确、系统地提出了美育文化，制定了《学校美育教育实施方案》，积极推进美育文化建设。

学校在校园大门两侧增设了"立德树人""自然之声"大型教育浮雕，在新教学楼西侧墙面镶嵌了大型"美"字图标，唱响了"以美立德、以美益智、以美健体、以美促劳"的美育文化主旋律。

立足于美，追求美，学校还加大了对校园环境建设和教学硬件设施的投入，积极改善办学环境，在各班级设立图书角，培养学生读书兴趣，打造书香校园。

艺术教育是美育文化的核心。学校不仅开齐开足了艺术教育类学科，配齐了音、体、美专职教师，还定期举办校园文化艺术节，在班级和学校操场展示学生们自己创作的艺术作品。通过艺术创作和欣赏，提

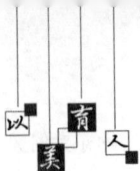

升学生审美能力，促进学校美育教育健康发展。

学校还积极开发地方特色民俗文化课程，让民歌、竖笛、剪纸、彩绘、花样跳绳、武术等走进校园，在教给孩子们技能的同时，也培养他们对民族文化的兴趣，以及对乡土的热爱。

美育文化也被融入家校合作中。学校积极展开家校合作，强调家校共育，通过开家长会、教师家访等各种形式，积极促进家校联系，进一步提高学生学校效率。

经过多年努力，美育文化已在裕民小学深入人心。通过持续深入的美育文化建设，学生们的行为习惯得到改善，教职员工把美育文化作为高尚的追求，家长们的教育精神和理念也得到提升。美育文化推动了学校的和谐发展，扎根在每一位裕民师生的心灵之中。

三、育美课堂　全面发展

学校在加强美育文化建设的同时，以新课程改革为抓手，一方面努力构建高效课堂，提升教育教学质量；另一方面重点抓艺术特色教育，培养学生音、体、美特长，促进学生全面发展。

学校分年级段提出了育美课堂目标：一、二年级主抓行为教育；三、四年级开设手工、剪纸、民族乐器演奏等艺术课程，加强对学生普及中华民族优秀的传统文化；五、六年级开设生命、感恩、励志等校本课程。学校还编印了《行为习惯美》《心理健康美》《家乡人文美》《传统文化美》等美育校本教材，为推行育美课堂提供保障。

学校开设了舞蹈队、合唱队、竖笛队、口风琴队、泥塑班、沙瓶画班、素描班、书法班等，增加了剪纸、手工制作、科技小制作等内容。近年来，在自治区中小学生艺术展演活动及吴忠市、利通区教育系统迎新春大型音乐舞蹈展演、"我的中国梦"大型合唱比赛中，学校屡屡获奖。

本着"以美健体"的精神，学校还组建了乒乓球队、篮球队、足球队，开展国际象棋、中国象棋、围棋、五子棋等活动，组织学生进行"每天锻炼一小时"

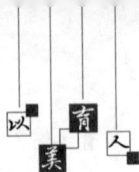

的大课间活动，广泛开展"阳光体育运动"，激励学生们强身健体。

美育是对人的塑造，它使人成为一个真正的人，一个健全的人，一个全面发展的人。裕民小学将继续以习近平新时代中国特色社会主义思想为指导，聚焦立德树人根本任务，强化美育文化，深耕育美课堂，提升师生们的美育素养，深入巩固学校特色，推动学校向着更好的未来发展。

该文 2022 年 1 月 5 日在《中国教育报》第 8 版"教育视窗"中登载。